CYCLE 3 CE2

Cap Maths

Les choix de Cap maths pour les élèves de CE2

Directeur de collection
ROLAND CHARNAY
Professeur de mathématiques
en IUFM

GEORGES COMBIER
Professeur de mathématiques
en IUFM

MARIE-PAULE DUSSUC
Professeur de mathématiques
en IUFM

DANY MADIER
Professeur des écoles

HATIER

Cap Maths CE2

RÉFLÉCHIR POUR APPRENDRE

1 Le temps de la recherche et de la réflexion

Avec Cap maths, les élèves résolvent un problème seuls ou en équipe.

Au cours de la phase de recherche, les élèves élaborent des solutions qui seront ensuite **débattues** avec toute la classe pour reconnaître celles qui sont correctes et intéressantes.

Jeanne et Gaétan cherchent toutes les façons de placer le cache sur la grille de points pour faire apparaître 36 points.

2 Le temps de la synthèse

L'enseignant met en évidence les connaissances utilisées et fait une synthèse des nouveaux acquis.

Les solutions correctes sont organisées au tableau et l'enseignant souligne que la multiplication permet de trouver rapidement le nombre de points. Il insiste sur le fait que 9 x 4 = 4 x 9.

DANS LE GUIDE PÉDAGOGIQUE DE L'ENSEIGNANT, TOUTES LES PHASES DE TRAVAIL SONT CLAIREMENT DÉTAILLÉES POUR CHAQUE SITUATION D'APPRENTISSAGE.

3 Le temps de l'entraînement et de la mémorisation

Les élèves s'entraînent seuls avec les exercices du manuel.

UNITÉ 6

Nombre d'objets en disposition rectangulaire

SÉANCE 2 Guide p. 126
Calcul mental :
Tables de multiplication par 2 et par 5

Exercices pour réviser les durées en mois et jours

Tu peux utiliser ton calendrier.

A Complète.
40 jours = ... mois ... jours
2 mois = ... jours
3 semaines = ... jours
1 mois 2 semaines = ... jours

B Maïa est partie le 7 avril pour deux semaines.
À quelle date est-elle revenue ?

C Plume fait un séjour sur l'île du Cap du 18 juin au 20 juillet.
Quelle est la durée de son séjour ?

D Tim part le 19 mai à Cap York pour un séjour de 2 mois et 6 jours.
À quelle date revient-il ?

Exercices Attrape-points

1 Des feuilles cachent des points de la grille.
Combien y a-t-il de points sous chaque feuille ?

2 Dans ta grille de points, découpe :
- deux rectangles qui contiennent 18 points ;
- deux autres rectangles qui contiennent 24 points.
Colle ces rectangles dans ton cahier de mathématiques.

3 Combien y a-t-il de petits carreaux dans chacun de ces rectangles ?

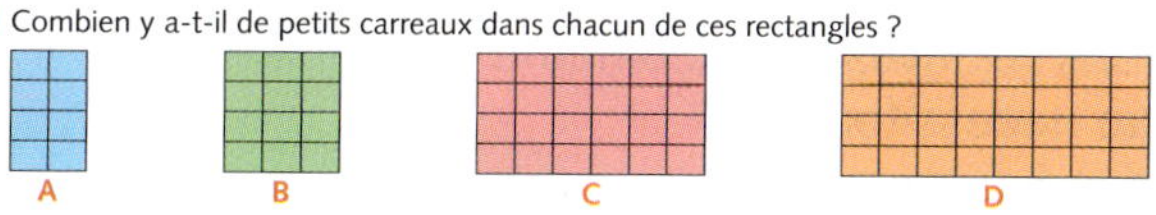

4 Maïa a dessiné des colonnes de 6 carrés.
Combien doit-elle encore dessiner de colonnes pour avoir :
a. 24 carrés ?
b. 48 carrés ?
c. 60 carrés ?
d. 84 carrés ?

cinquante et un • 51

Calcul mental
Chaque jour, un entraînement au calcul mental est proposé (les questions posées sont dans le guide de l'enseignant).

Réactivation des acquis
Des exercices permettent de réviser les connaissances étudiées précédemment.

Entraînement individuel et mémorisation
Les élèves s'entraînent individuellement en répondant à des questions qui prolongent celles de la recherche.

Cap maths répond ainsi aux orientations des programmes de l'Éducation Nationale dont voici deux extraits :

L'élaboration des connaissances se réalise au travers de la résolution de problèmes, leur maîtrise nécessite des moments d'explicitation et de synthèse, et leur efficacité est conditionnée par leur entraînement dans des exercices qui contribuent à leur mémorisation.

(...) il est nécessaire de prendre en compte les démarches mises en œuvre par les élèves, les solutions personnelles qu'ils élaborent, leurs erreurs, leurs méthodes de travail et de les exploiter dans des moments de débat.

Qu'apprend-on à l'école élémentaire ?
Programmes du cycle 3 – Mathématiques (objectifs)

Cap Maths CE2

Quelle place pour le calcul mental ?

Le calcul mental est un apprentissage prioritaire. Des activités régulières lui sont consacrées :
- courtes et quotidiennes lorsqu'il s'agit de parvenir à la mémorisation ou à la reconnaissance rapide de résultats ;
- plus longues lorsqu'il s'agit d'être capable de construire mentalement de nouveaux résultats.

Les élèves doivent-ils faire tous les exercices du manuel ?

L'enseignant choisit les exercices qui correspondent aux besoins de chaque élève. Tous ne sont donc pas traités par les élèves. D'autres exercices peuvent également être proposés, construits par l'enseignant par exemple, pour reprendre des questions du manuel qui ont mis des élèves en difficulté.

Pourquoi un cahier de « géométrie-mesure » ?

En géométrie, ou pour des questions relatives à la mesure, le support de figures est nécessaire. Certaines peuvent être à compléter par l'élève. Dans d'autres cas, il faut dessiner sur la figure ou y inscrire des mesures. Tout cela n'est pas possible dans le manuel. Le cahier « géométrie-mesure » nous est donc apparu indispensable. De plus, il permet à l'élève de garder une trace organisée de son travail sur l'ensemble de l'année. Le manuel contient lui aussi des questions relatives à la géométrie ou à la mesure, dès lors que ces questions ne nécessitent pas d'écrire ou de dessiner sur des figures.

Pourquoi le dico-maths est-il sous forme de fascicule indépendant ?

Le dico-maths est une sorte de répertoire des notions importantes travaillées au CE2. Les élèves peuvent y chercher une information oubliée ou dont ils ne sont pas sûrs.
Le choix d'en faire un fascicule indépendant répond à deux objectifs :
– faciliter la recherche autonome d'une information par l'élève (qui peut utiliser l'index) ;
– préserver la liberté de l'enseignant qui peut choisir, pour une activité, d'en autoriser ou non l'usage.

Pourquoi les séries de problèmes sont-elles regroupées à la fin du fichier ?

– Pour permettre à l'enseignant de les choisir et de les utiliser librement
– Pour éviter que l'élève cherche systématiquement à répondre en utilisa une connaissance mathématique située sur la même page que les problèmes à résoudre. C'est donc l'autonomie de l'élève dans la résolution des problèmes qui est recherchée.

Comment aider son enfant ?

Il convient d'abord de ne pas anticiper sur le travail de l'enseignant. La compréhension et l'apprentissage se font sur la durée. Certaines étapes ne doivent pas être court-circuitées.
On peut d'abord interroger l'enfant sur ce qu'il a fait, sur ce qu'il a appris, montrer de l'intérêt pour son travail, sans excès toutefois.
On peut aussi accompagner certains apprentissages, notamment dans les moments d'entraînement par exemple, pour le calcul mental : addition, soustraction, compléments, multiplication.

Cap Maths

CYCLE 3 CE2

Directeur de collection
ROLAND CHARNAY
Professeur de mathématiques
en IUFM

GEORGES COMBIER
Professeur de mathématiques
en IUFM

MARIE-PAULE DUSSUC
Professeur de mathématiques
en IUFM

DANY MADIER
Professeur des écoles

Merci à Christelle Roustan, à Jean-Marc Malbec
et à leurs élèves de CE2
qui ont testé l'ensemble de cet ouvrage
pendant une année complète.

HATIER

Conception graphique : **Véronique Lefebvre, Claire Dewasmes**

Mise en page et dessins techniques : **Nadine Aymard**

Illustration : **Sébastien Telleschi**

Iconographie : **Hatier Illustration**

 ISBN : 978-2-218-92326-5

Bienvenue au CE2...

Maïa, Tim, Piaf et Plume vont t'accompagner dans ton travail de mathématiques avec **Cap maths**.

Maïa

Plume

Piaf

Tim

■ Dans ce **manuel**, tu trouveras tous les jours la plupart des activités :

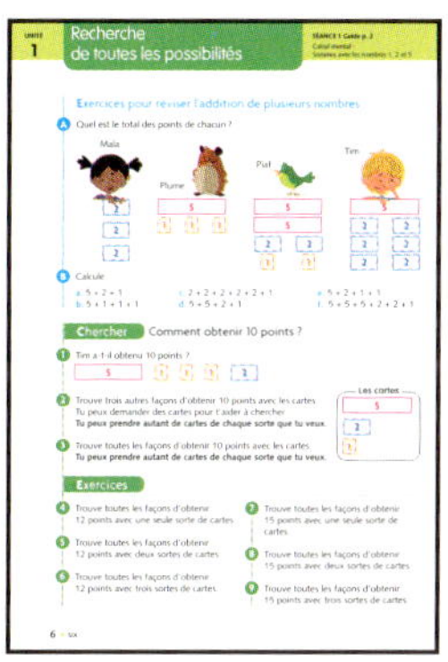

- pour faire du calcul mental ;
- pour revoir ce que tu as appris ;
- pour apprendre des choses nouvelles ;
- pour t'entraîner avec des exercices.

Et régulièrement, tu feras le bilan de ce que tu as appris.

Tu devras aussi résoudre des problèmes que ta maîtresse ou ton maître choisira dans la dernière partie du manuel : la banque de problèmes.

■ Dans le **cahier de géométrie et mesure**, tu pourras faire des exercices sans avoir à recopier les figures.

■ Le **dico-maths :** c'est ton répertoire des mathématiques du CE2. Tu peux l'utiliser pour retrouver une explication, le sens d'un mot, une technique de calcul ou de tracé géométrique.

■ Des **fiches de travail** te seront distribuées par ta maîtresse ou par ton maître, au cours de certaines séances de travail.

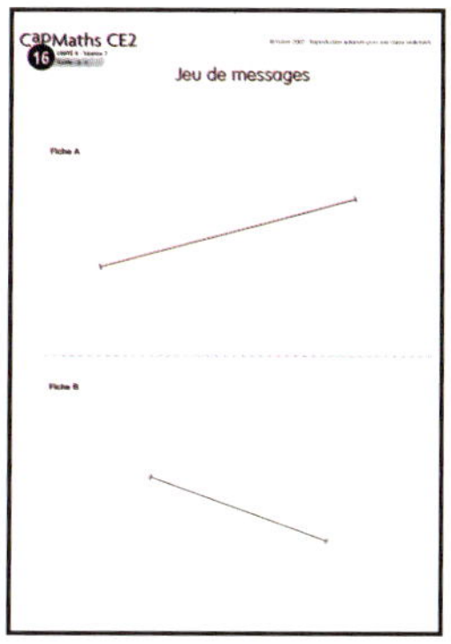

Table des contenus

■ Nouveaux apprentissages (environ 40 min)
■ Dictée de nombres et calcul mental (environ 5 min)
■ Activités de révision (environ 15 min)

Attention : chaque unité comporte une séance d'activités qui ne figure pas dans le manuel mais seulement dans le guide de l'enseignant.
Les objectifs de ces séances ne sont donc pas référencés ici.

Calcul	Espace et Géométrie Grandeurs et mesure	
Calcul automatisé (mental ou posé) • Répertoire additif 6, 8, 10, 11 • Compléments à la dizaine supérieure 15, 16 • Furet de 2 en 2, de 5 en 5, de 10 en 10 18, 19 • Addition posée ou en ligne 22 • Doubles et moitiés 23 **Calcul réfléchi** • Somme de plusieurs nombres 8, 9, 14 • Compléments 18, 19 • Calcul sur les dizaines et les centaines 24, 26, 27 • Multiplication et addition itérée 23, 24	**Longueurs** • Mesure en cm 9 • Mesure en m et cm 10, 15, 16 • Règle graduée 27 **Horaires et durées :** Lecture de l'heure 22 **Espace :** Représentation d'un assemblage de cubes 18, 19 **Quadrillage :** Repérage sur quadrillage 23, 24, 26 **Ligne droite :** Tracés à la règle 11	Période 1 Unités 1 à 3
Calcul automatisé (mental ou posé) • Furet 2 en 2, 5 en 5, 4 en 4, 8 en 8, 6 en 6 34, 35, 36, 38, 39 • Tables de multiplication (2, 5, 4) 51, 52, 53, 54, 55 **Calcul réfléchi** • Compléments à 100 35, 50 • Addition, soustraction d'un nombre à un chiffre 43, 44, 45 • Compléments et différences 44, 45, 47, 50 • Multiplication et addition itérée 37, 42, 43, 46 • Multiplication et disposition rectangulaire 50, 51, 52	**Longueurs :** Mesure en cm et mm 39, 44, 54 **Horaires et durées** • Unités de durées 34 • Dates et durées en mois et jours 47, 51 **Monnaie :** Monnaie en euros et centimes 38, 39 **Angle droit, carré, rectangle** • Carrés et rectangles 38, 43 • Angle droit, équerre 46, 52 **Quadrillage :** Reproduction sur quadrillage 55	Période 2 Unités 4 à 6
Calcul automatisé (mental ou posé) • Addition posée ou en ligne 67, 79 • Addition, soustraction de dizaines, de centaines 75, 80, 81 • Soustraction posée 79, 83 • Tables de multiplication (4, 8, 9) 63, 64, 65, 67, 71 • Multiplication par 10 65 • Multiplication posée (par un chiffre) 72 • Furet 3 en 3, 6 en 6 83 **Calcul réfléchi** • Addition, soustraction d'un nombre à un chiffre 72, 74 • Compléments 75, 78 • Décomposition sous forme de produits 63 • Multiplication 66, 71, 74, 82	**Longueurs :** Calcul et unités (cm, mm) 64 **Horaires et durées** • Lecture de l'heure 67, 72, 80 • Durées en jours et heures 75 • Durées en heures et minutes 83 **Perpendicularité, carré, rectangle** • Rectangle, carré 71 • Droites perpendiculaires, angles droits 74, 78 **Alignement :** Reproduction de figures 81	Période 3 Unités 7 à 9
Calcul automatisé (mental ou posé) • Furet 9 en 9, 21 en 21, 19 en 19 95, 99, 100, 101 • Soustraction posée 101 • Tables de multiplication (3, 6, 7, 9) 91, 92, 93, 107, 108, 110 • Multiplication par 10, 20 103 • Multiplication posée 106, 107 **Calcul réfléchi** • Doubles et moitiés 94, 95 • Multiplication 98, 99 • Combien de fois ... dans ... ? 102, 109 • Calculs avec parenthèses 91, 92, 103, 110, 111	**Longueurs :** Calcul et unités (m, cm, mm) 100 **Horaires et durées** 99 **Masses** • Mesure en g et kg 110 • Calcul sur les mesures 111 **Contenances :** Mesure en l, cl, ml 102, 106 **Espace :** Polyèdres 93, 95 **Cercle :** Caractérisation, tracé 103 **Carré, rectangle :** Reproduction de figures 108	Période 4 Unités 10 à 12
Calcul automatisé (mental ou posé) • Multiplication posée 120, 129, 135 • Doubles et moitiés 122, 123, 131 • Tables de multiplication 127, 128, 129 • Décomposition sous forme de produit 134, 138 **Calcul réfléchi** • Calcul avec les diviseurs de 100, de 60 119, 120, 121, 135, 136 • Multiplication : aspect ordinal 118, 119, 120 • Multiplication 118 • Calculs avec parenthèses 119, 131, 139 • Nombre pensé 137, 139 **Calcul instrumenté :** Calculatrice 122	**Longueurs :** Mesure en km et m 126, 127 **Masses :** Estimation, unités 121 **Approche de la notion d'aire** 139 **Grandeurs et unités de mesure** 131 **Lecture d'un plan** 122 **Polyèdres :** Représentations 123 **Figures superposables :** Reconnaissance 128 **Symétrie :** Symétrie sur quadrillage 134, 136, 137	Période 5 Unités 13 à 15

Recherche de toutes les possibilités

Exercices pour réviser l'addition de plusieurs nombres

A Quel est le total des points de chacun ?

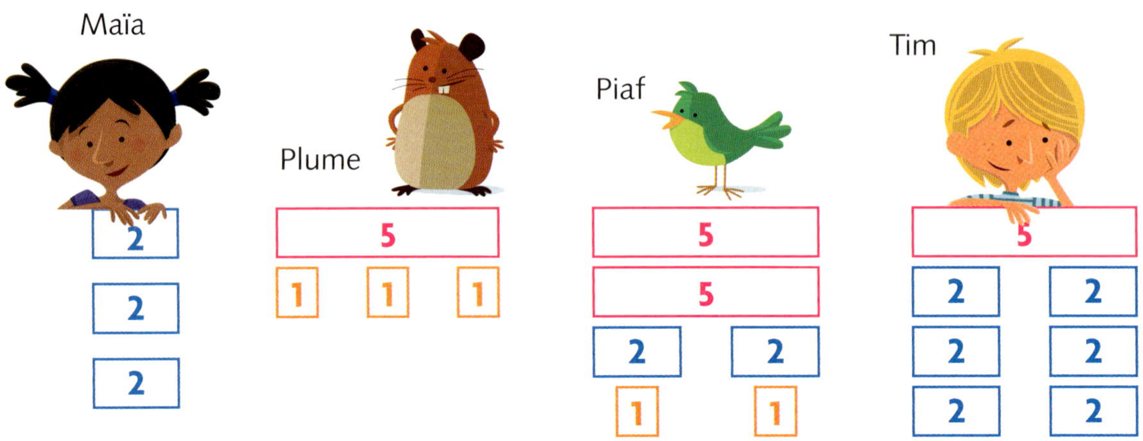

B Calcule.

a. 5 + 2 + 1
b. 5 + 1 + 1 + 1
c. 2 + 2 + 2 + 2 + 2 + 1
d. 5 + 5 + 2 + 1
e. 5 + 2 + 1 + 1
f. 5 + 5 + 5 + 2 + 2 + 1

Chercher — Comment obtenir 10 points ?

1 Tim a-t-il obtenu 10 points ?

5 1 1 1 2

2 Trouve trois autres façons d'obtenir 10 points avec les cartes.
Tu peux demander des cartes pour t'aider à chercher.
Tu peux prendre autant de cartes de chaque sorte que tu veux.

3 Trouve toutes les façons d'obtenir 10 points avec les cartes.
Tu peux prendre autant de cartes de chaque sorte que tu veux.

Les cartes
5
2
1

Exercices

4 Trouve toutes les façons d'obtenir 12 points avec une seule sorte de cartes.

5 Trouve toutes les façons d'obtenir 12 points avec deux sortes de cartes.

6 Trouve toutes les façons d'obtenir 12 points avec trois sortes de cartes.

7 Trouve toutes les façons d'obtenir 15 points avec une seule sorte de cartes.

8 Trouve toutes les façons d'obtenir 15 points avec deux sortes de cartes.

9 Trouve toutes les façons d'obtenir 15 points avec trois sortes de cartes.

Recherche de toutes les possibilités

Exercices pour réviser les écritures littérales et chiffrées

A Écris en chiffres :

a. quarante-trois
b. soixante-dix
c. quatre-vingt-dix-sept
d. deux cent trente
e. trois cent soixante-trois
f. cent soixante-quinze

B Écris en lettres :

a. 18 b. 79 c. 91 d. 192 e. 306 f. 273

C Écris quatre nombres en lettres.
Pour chaque nombre, utilise trois de ces mots :

cent soixante trois douze

Tu peux ajouter un « *s* » à *cent* et utiliser un tiret si c'est nécessaire.

Chercher Comment obtenir 25 points ?

1 Tim a-t-il obtenu 25 points ?

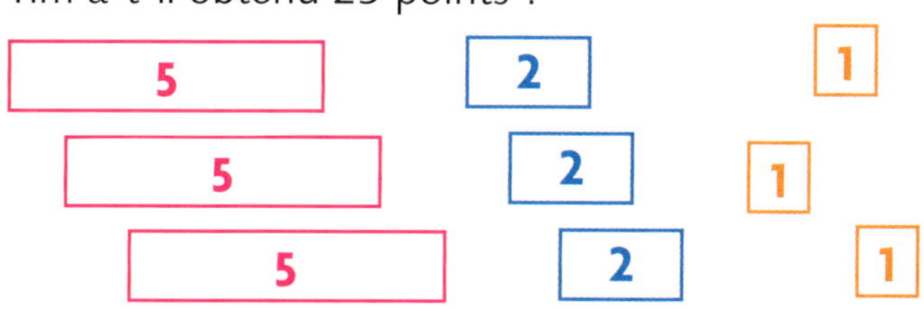

2 Cherche trois façons d'obtenir 25 points avec les cartes.
Tu dois utiliser moins de 10 cartes.
Tu peux demander des cartes pour t'aider à chercher.

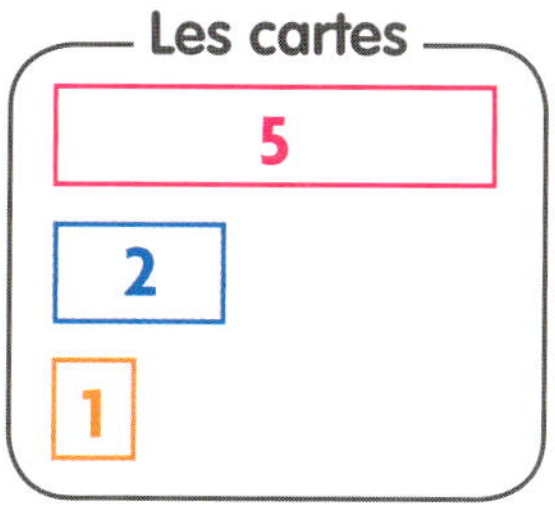

3 Trouve toutes les façons d'obtenir 25 points avec les cartes.
Tu dois utiliser moins de 10 cartes.

Exercices

4 Comment obtenir 25 points avec le moins possible de cartes ?

5 Comment obtenir 25 points avec le plus possible de cartes ?

6 Est-il possible d'obtenir 25 points avec exactement 12 cartes ?

7 Est-il possible d'obtenir 25 points avec exactement 15 cartes ?

8 Maïa pense qu'il est possible d'obtenir 25 points avec autant de cartes de chaque sorte.
A-t-elle raison ? Pourquoi ?

Recherche de toutes les possibilités

Exercices pour réviser le calcul malin

A Écris chaque fois la somme des nombres.

a. 15 13 7 5 b. 17 16 2 1 4 c. 14 8 6 12

B Calcule.

a. 19 + 14 + 7 + 11 + 6 b. 7 + 14 + 15 + 3 + 16 c. 8 + 19 + 12 + 11 + 7

Chercher Comment obtenir 20 € ?

1 Maïa et Tim ont-ils 20 euros chacun dans leur tirelire ?

2 Réalise une somme de 20 € en ne prenant que des billets de 5 € et des pièces de 2 € et de 1 €. Utilise au total moins de 8 billets ou pièces. Trouve toutes les possibilités.

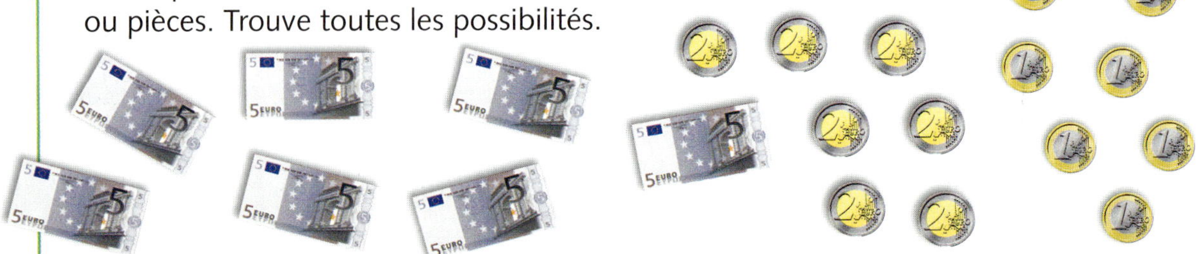

Exercices

Dans tous ces exercices, tu ne peux utiliser que des billets de 5 € et des pièces de 2 € ou de 1 €.

3 Tim a 5 billets de 5 € et 2 pièces de 2 €.
Quelle somme d'argent possède-t-il ?

4 Maïa n'a que des billets de 5 € et des pièces de 2 €.
Elle a 4 billets et 4 pièces de chaque sorte.
Quelle somme d'argent possède-t-elle ?

5 Zoé a 4 billets de 5 € et des pièces de 2 €. Elle a 30 €.
Combien a-t-elle de pièces de 2 € ?

6 Réalise la somme de 17 € en utilisant le moins possible de billets et de pièces.

7 Tim a 4 billets de 5 €. Il échange tout son argent contre des pièces de 2 €.
Combien aura-t-il de pièces de 2 € ?

8 Maïa a 10 pièces de 2 € et 10 pièces de 1 €. Elle échange tout son argent contre des billets de 5 €.
Combien aura-t-elle de billets de 5 € ?

Mesure de longueurs en centimètres

SÉANCE 4 Guide p. 10 Pas d'activités dans le manuel
SÉANCE 5 Guide p. 13
Calcul mental :
Problèmes d'augmentation et de diminution

Exercices pour réviser le calcul malin

A Calcule chaque somme.

a. 45 + 5 b. 23 + 7 c. 81 + 19 d. 24 + 76 e. 18 + 132

B Écris cinq nombres qui peuvent être ajoutés à 34 pour obtenir un nombre « rond ».

C Utilise ces nombres : 13 27 18 34 55 19 12 26 31 45
Écris toutes les sommes égales à un nombre « rond ».

D Écris une somme avec des nombres choisis sur l'ardoise pour obtenir le résultat indiqué.
Il y a peut-être plusieurs possibilités pour chaque résultat.

Résultat : 20
7 5 6 2 1 6 5

Résultat : 50
17 14 10 8 12 6 13

Résultat : 100
25 6 42 36 14 18 25

Chercher Longueurs de lignes brisées

1 et **2** **Cahier de géométrie-mesure page 4.**

Exercices

DICO-MATHS p. 27
Mesurer une longueur

3 **Sur une feuille blanche,** trace une ligne brisée formée de 3 ou 4 segments.
Elle doit mesurer un nombre entier de centimètres.
Note la longueur de cette ligne sur un petit papier.
Demande ensuite à ton voisin de mesurer la longueur de ta ligne
et vérifie avec lui si vous trouvez la même mesure.

4 Quelle est la longueur de cette ligne brisée ?

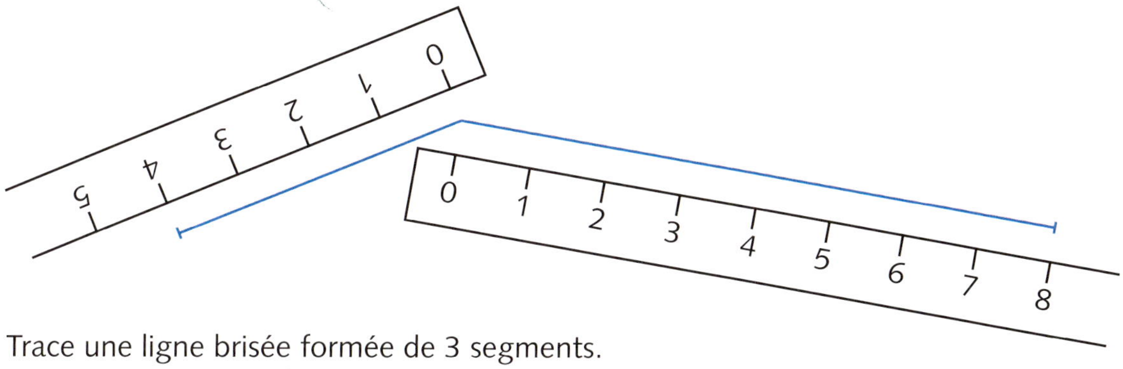

5 Trace une ligne brisée formée de 3 segments.
Le premier segment doit mesurer 8 cm, le deuxième 7 cm.
Au total, la ligne doit mesurer 20 cm.

Groupements de 10 et de 100

Exercices pour réviser la mesure de longueurs

A Pour quelques objets de ta classe (tableau, porte, bureau…), tu vas essayer d'estimer ce qu'ils mesurent en hauteur, en largeur, en profondeur. Tu vérifieras ensuite en mesurant.

Chercher Combien de timbres ?

1 Il faut utiliser le moins possible de cartes de 1 timbre, de 10 timbres ou de 100 timbres.

Quelles cartes dois-tu utiliser pour avoir exactement :

a. 56 timbres ? b. 250 timbres ? c. 386 timbres ?

Exercices

2 Combien chaque personnage a-t-il de timbres ?

3 Il faut prendre le moins possible de cartes.
Quelles cartes (de 1, de 10 ou de 100 timbres) dois-tu prendre pour avoir :

a. 60 timbres ? c. 108 timbres ? e. 180 timbres ?
b. 400 timbres ? d. 810 timbres ? f. 321 timbres ?

Groupements de 10 et de 100

Exercices pour réviser les tracés à la règle

A, **B** et **C** **Cahier de géométrie-mesure page 5.**

Chercher Combien de timbres ?

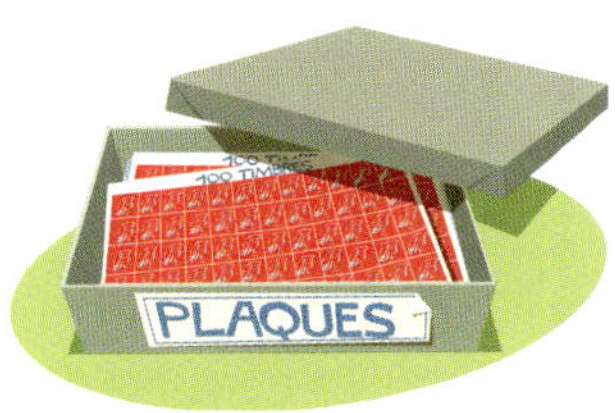

Les timbres sont vendus à l'unité, par dizaine ou par centaine. La postière n'a plus beaucoup de timbres. Il lui reste 3 timbres, 1 carnet de 10 timbres et 2 plaques de 100 timbres.

1 Tu prends des timbres **dans une seule boîte**.

a. Combien peux-tu avoir de timbres ?
b. Quel est le plus petit nombre de timbres que tu peux avoir ?
c. Quel est le plus grand nombre de timbres que tu peux avoir ?

2 Tu prends des timbres **dans deux boîtes**.

a. Quel est le plus petit nombre de timbres que tu peux avoir ?
b. Quel est le plus grand nombre de timbres que tu peux avoir ?

3 Tu prends des timbres **dans deux boîtes**.
Trouve toutes les quantités de timbres que tu peux obtenir.

Exercices

DICO-MATHS p. 3
Valeur des chiffres

4 Maïa prend une plaque de 100 timbres, un carnet de 10 timbres et un timbre. Combien a-t-elle de timbres ?

5 Tim prend deux plaques de 100 timbres et deux timbres. Combien a-t-il de timbres ?

6 Que faut-il prendre pour avoir 102 timbres ?

7 Combien de timbres y a-t-il, au total, dans les 3 boîtes de la postière ?

8 Cherche toutes les quantités de timbres que tu peux obtenir en prenant des timbres dans les 3 boîtes.

9 José a déjà 247 timbres. Il achète encore un carnet de 10 timbres. Combien a-t-il alors de timbres ?

10 Julie a déjà 56 timbres. Elle utilise 2 carnets de 10 timbres pour envoyer du courrier. Combien lui reste-t-il de timbres ?

11 Ben a 236 timbres. Il utilise une plaque de 100 timbres et 3 carnets de 10 timbres. Combien lui reste-t-il de timbres ?

12 Lucie a déjà 154 timbres. Elle a besoin de 180 timbres. Combien de carnets doit-elle acheter ?

Je prépare le bilan

Guide p. 21-22	Préparation	Bilan
Recherche de possibilités	Extrait 1	Exercice 1
Écritures littérales et chiffrées	Extrait 2	Exercices 2
Groupement de 10 et de 100	Extrait 3	Exercice 4
Mesure de longueurs	Extrait 4	Exercices 5

Lis ces extraits de problèmes que tu as eu à résoudre dans l'unité 1 et réponds à la question.
Tu pourras ensuite dire ce que tu as bien compris et ce qui reste difficile pour toi.

Extrait 1

Trouve toutes les façons d'obtenir 10 points avec ces cartes.

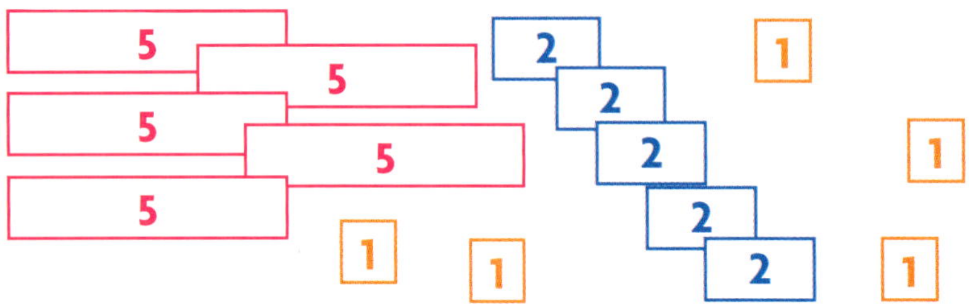

QUESTION

Comment faut-il s'y prendre pour trouver les réponses à un problème comme celui-ci ?

Extrait 2

Écris *cent soixante-quinze* **en chiffres.**

QUESTION

À quoi faut-il faire attention lorsqu'on doit écrire avec des chiffres un nombre donné avec des mots ?

Extrait 3

Que faut-il prendre pour avoir 102 timbres ?

QUESTION

Comment réaliser ou compter facilement une quantité d'objets ?

Extrait 4

Trouve un objet de la classe qui mesure plus de 1 mètre de hauteur. Avec quel instrument peux-tu vérifier ?

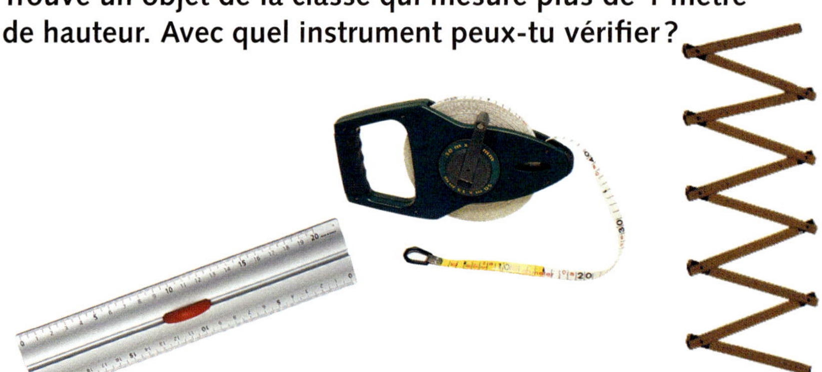

QUESTIONS

Comment choisis-tu un instrument de mesure ?
Sais-tu bien utiliser tous ces instruments ?
Quelles unités utilises-tu ?

Je fais le bilan

À la suite de cette évaluation, les élèves peuvent compléter leur bilan de compétences (→ matériel photocopiable)

1 Trouve 5 façons différentes d'obtenir la somme de 15 euros.

2 Écris en chiffres :

a. cent soixante et onze   b. deux cent trente   c. deux cent quatre-vingt-douze

3 Écris en lettres :

a. 99   b. 209   c. 777

4 Un marchand vend des clous par paquets de 100 clous, par sachets de 10 clous et aussi des clous à l'unité.

a. Tim a acheté 3 paquets et 7 clous. Combien a-t-il de clous ?

b. Maïa a besoin de 352 clous. Que doit-elle demander au marchand ?

5 Mesure ces deux lignes.

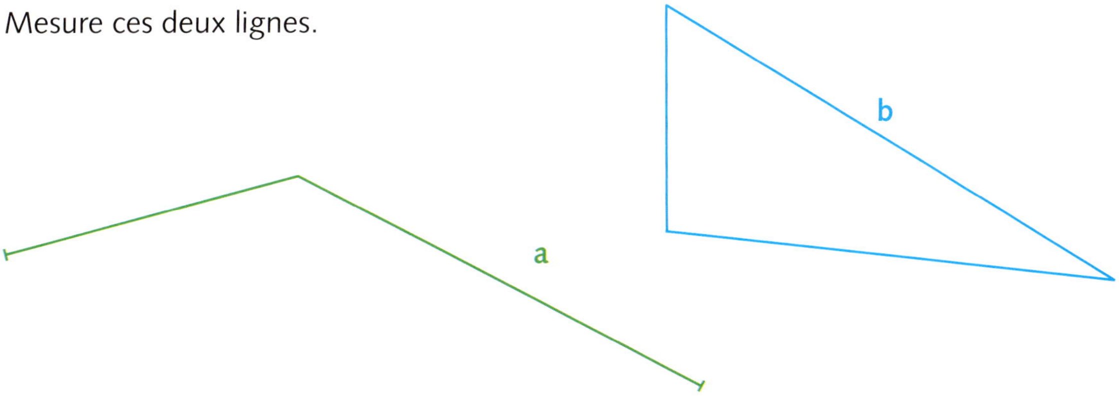

6 Trace une ligne brisée de 36 cm de longueur.

Valeur positionnelle des chiffres

Exercices pour réviser le calcul malin

A Écris chaque fois la somme des nombres.

a. 15 7 5 23 b. 11 8 11 10 c. 24 4 12 6 4

B La somme des nombres entourés est égale à 20.
Recopie la suite des nombres de 1 à 9.
Entoure certains nombres pour que leur somme soit égale à 20.
Recommence pour obtenir d'autres sommes égales à 20.

(1) 2 3 (4) 5 (6) 7 8 (9)

Chercher Unités, dizaines, centaines

1 unité	1 dizaine	1 centaine
80 cartes	80 cartes	20 cartes

1 En choisissant certaines cartes, trouve plusieurs façons d'obtenir 23.

2 Trouve le plus possible de façons d'obtenir 302.

Exercices

DICO-MATHS p. 3
Valeur des chiffres

3 Quel nombre est représenté par l'ensemble de ces cartes ?

1 unité 1 unité 1 unité 1 unité 1 dizaine
1 unité 1 unité 1 unité 1 dizaine 1 dizaine
1 unité 1 unité 1 unité 1 unité 1 dizaine
1 unité 1 unité 1 unité 1 unité 1 dizaine

4 Quel nombre est représenté par l'ensemble de ces cartes ?

1 unité 1 unité 1 unité 1 dizaine 1 dizaine 1 centaine
1 unité 1 unité 1 dizaine 1 dizaine 1 centaine
1 unité 1 unité 1 unité 1 dizaine 1 dizaine 1 dizaine 1 centaine
1 unité 1 unité 1 unité 1 unité 1 dizaine 1 dizaine 1 dizaine
1 unité 1 dizaine

5 Écris en chiffres :

a. 3 centaines et 5 unités
b. 7 centaines et 10 dizaines
c. 40 dizaines et 2 unités
d. 34 dizaines
e. 25 dizaines et 11 unités
f. 2 centaines, 15 dizaines et 102 unités

Valeur positionnelle des chiffres

Exercices pour réviser les longueurs en m et cm

A et **B** **Cahier de géométrie-mesure page 6.**

Chercher Unités, dizaines, centaines

1 unité	1 dizaine	1 centaine
80 cartes	80 cartes	20 cartes

1 a. Trouve comment obtenir 247 en choisissant le moins possible de cartes.
b. Trouve deux autres façons d'obtenir 247.

2 a. Trouve comment obtenir 350 en choisissant le moins possible de cartes.
b. Trouve deux autres façons d'obtenir 350.

Exercices

DICO-MATHS p. 3
Valeur des chiffres

3 Complète 4 bons de commande différents pour obtenir 314.

BON DE COMMANDE
...... centaine(s)
...... dizaine(s)
...... unité(s)

4 Écris en chiffres :
a. 2 centaines, 24 unités
b. 13 dizaines
c. 5 dizaines, 4 centaines, 10 unités
d. 2 centaines, 10 dizaines
e. 26 dizaines, 3 centaines
f. 3 centaines, 206 unités

5 Les timbres sont vendus par carnets de dix.
a. Tim a besoin de 238 timbres. Combien doit-il acheter de carnets ?
b. Maïa a besoin de 307 timbres. Combien doit-elle acheter de carnets ?

6 Zoé a besoin de 302 timbres.
Elle en a déjà 283.
Combien doit-elle acheter de carnets de 10 timbres pour en avoir assez ?

7 1 unité | 2 unités | 5 unités | 10 unités | 15 unités | 25 unités | 1 dizaine | 2 dizaines | 5 dizaines | 10 dizaines | 15 dizaines | 25 dizaines | 1 centaine | 4 centaines | 5 centaines

Choisis les étiquettes qui te permettent d'obtenir :
a. 57
b. 75
c. 700
d. 900
e. 750
f. 165
g. 652
h. 275
i. 222
j. 200
k. 180
l. 270

Valeur positionnelle des chiffres

Calcul mental :
Compléments à la dizaine supérieure

Exercices pour réviser les longueurs en m et cm

A Utilise ton double décimètre. Trace, sur une feuille de papier blanc, une ligne de 1 mètre de longueur.

B Maïa a tracé au sol une ligne composée de trois segments. Le premier segment mesure 48 cm, le deuxième mesure 32 cm et le troisième 30 cm. La ligne mesure-t-elle 1 m ?

Chercher Unités, dizaines, centaines

Un drôle de jeu de l'oie...

2 ou 3 joueurs et le banquier

Matériel

- une piste de jeu - un dé - un pion par joueur
- trois boîtes pour le banquier avec :

1 unité	1 dizaine	1 centaine
25 cartes	80 cartes	80 cartes

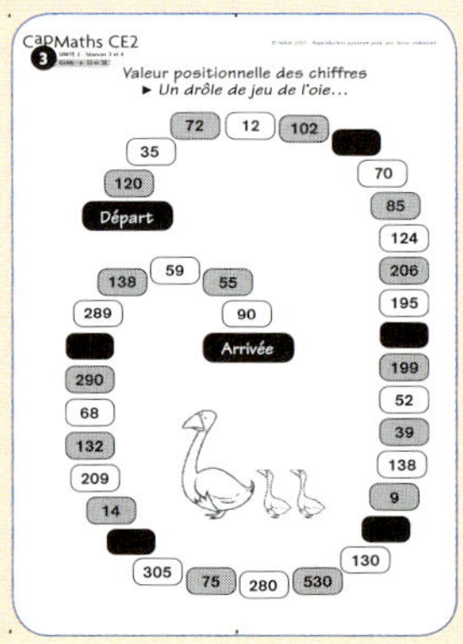

Au départ chaque joueur reçoit :
- 3 cartes « 1 centaine » - 3 cartes « 1 dizaine » - 3 cartes « 1 unité »

Le pion est placé sur la case « Départ ».

Jouer

Le premier joueur lance le dé. Il avance son pion du nombre de points indiqué.

Si le pion arrive sur :

 Le joueur doit donner au banquier exactement le nombre de points indiqué dans la case.
Si le joueur n'a pas assez de points, il donne tout ce qu'il possède au banquier.

 Le banquier doit donner au joueur exactement le nombre de points indiqué dans la case.

 Le joueur passe son tour.

Le joueur suivant lance le dé.
Le jeu s'arrête quand un joueur atteint ou dépasse la case « Arrivée ».

Le gagnant est celui qui, à la fin du jeu, a le plus grand nombre de points avec toutes ses cartes. Vous devez toujours être d'accord sur ce que fait chaque joueur ou sur ce que fait le banquier.

1 Joue avec tes camarades. Arrêtez le jeu lorsque vous êtes bloqués. Écrivez pourquoi vous ne pouvez plus continuer.

2 Fais une ou deux autres parties complètes avec tes camarades.

Valeur positionnelle des chiffres

Problèmes

A a. Combien Tim a-t-il d'images de plus que Maïa ?
b. Ils mettent leurs images dans la même boîte.
Combien y a-t-il d'images dans cette boîte ?

B Tim a 21 billes. Il veut les offrir à ses 3 amis et donner autant de billes à chacun.
Combien chacun en aura-t-il ?

Chercher Unités, dizaines, centaines

1 Rejoue une partie du *Drôle de jeu de l'oie* avec tes camarades.

Exercices

DICO-MATHS p. 3
Valeur des chiffres

2 Chaque phrase est-elle vraie ou fausse ?
On peut échanger :
a. 3 dizaines contre 30 unités.
b. 20 dizaines contre 2 unités.
c. 7 centaines contre 70 dizaines.
d. 500 unités contre 5 centaines.
e. 80 dizaines contre 8 centaines.
f. 10 dizaines contre 100 unités.
g. 40 unités contre 4 dizaines.
h. 6 centaines contre 600 dizaines.

3 Complète.
On peut échanger :
a. 4 dizaines contre ... unités.
b. 300 unités contre ... dizaines.
c. 20 dizaines contre ... centaines.
d. 30 dizaines contre ... unités.
e. 5 centaines contre ... dizaines.
f. 12 dizaines contre ... unités.
g. 8 centaines contre ... unités.
h. 120 unités contre ... dizaines.
i. 6 centaines contre ... dizaines.
j. 230 unités contre ... dizaines.
k. 78 dizaines contre ... unités.
l. 990 unités contre ... dizaines.

4 Écris le nombre qui correspond à chaque étiquette.

a	b	c
13 dizaines	2 centaines 3 unités	23 dizaines 7 unités

5 a. Quel est le plus petit nombre de 3 chiffres qui a 37 dizaines ?
b. Quel est le plus grand nombre de 3 chiffres qui a exactement 37 dizaines ?

6 Écris en lettres puis en chiffres tous les nombres qu'il est possible d'obtenir en utilisant deux de ces étiquettes.

4 centaines | 15 dizaines | 20 unités

7 Écris en lettres puis en chiffres tous les nombres qu'il est possible d'obtenir en utilisant deux de ces étiquettes.

2 centaines | 6 dizaines | 15 dizaines | 48 unités

Représentation d'un assemblage de cubes

SÉANCE 5 Guide p. 37 Pas d'activités dans le man
SÉANCE 6 Guide p. 40
Calcul mental :
Furet de 2 en 2, 5 en 5

Exercices pour réviser le calcul réfléchi de compléments

A Écris le nombre de la deuxième carte pour obtenir le total indiqué sur l'enveloppe.

a. 

b. 

c. 

d. 

B Complète.

a. 10 + … = 30	c. 40 + … = 47	e. … + 12 = 20	g. … + 16 = 32
b. 21 + … = 38	d. 27 + … = 44	f. … + 19 = 23	h. … + 24 = 41

Chercher — Traces d'un assemblage de cubes

1 a. Construis tous les assemblages de quatre cubes qui correspondent à la trace a.
b. Construis tous les assemblages de quatre cubes qui correspondent à la trace b.

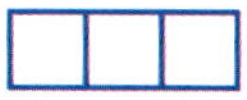
Trace a

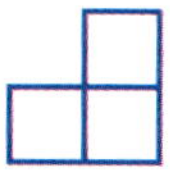
Trace b

Exercices

2 Pour chaque trace, indique si elle correspond à l'assemblage dessiné.

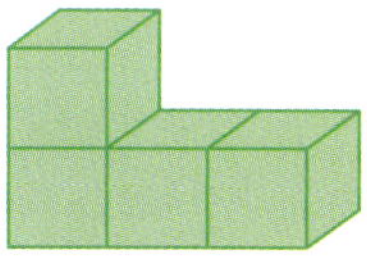

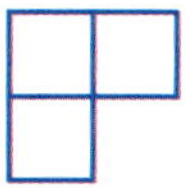
Trace a

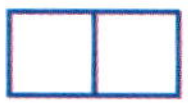
Trace b

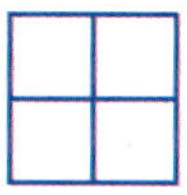
Trace c

3 Pour chaque trace, indique si elle correspond à l'assemblage dessiné.

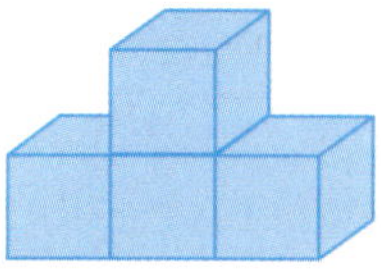

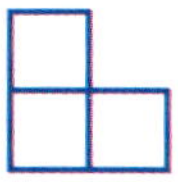
Trace a

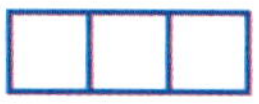
Trace b

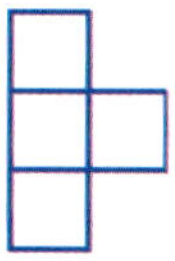
Trace c

4 Pour chaque assemblage, indique s'il correspond à la trace dessinée.

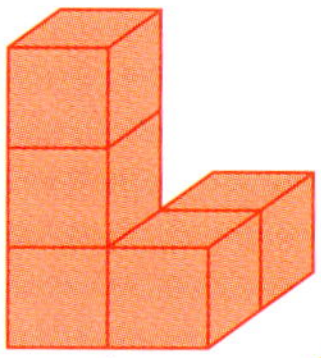
A

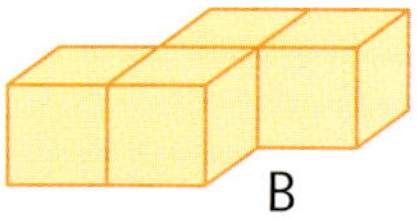
B

Trace
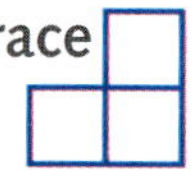

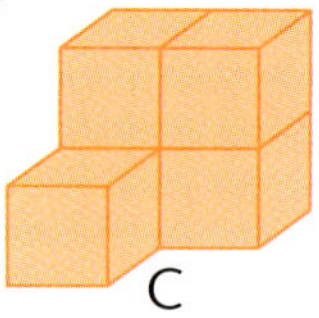
C

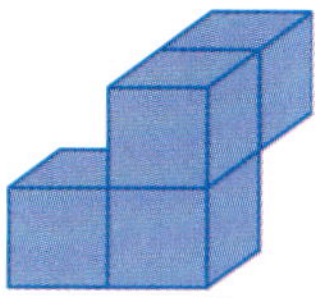
D

5 Pour chaque assemblage, indique s'il correspond à la trace dessinée.

Trace
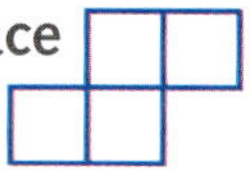

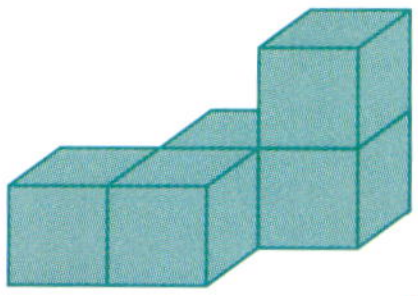
B

A
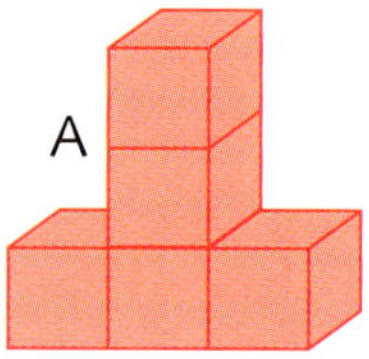

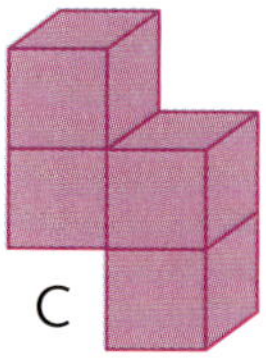
C

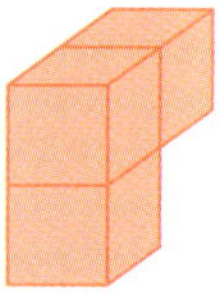
D

Représentation d'un assemblage de cubes

Exercices pour réviser le calcul réfléchi de compléments

A Écris le nombre de la deuxième carte pour obtenir le total indiqué sur l'enveloppe.

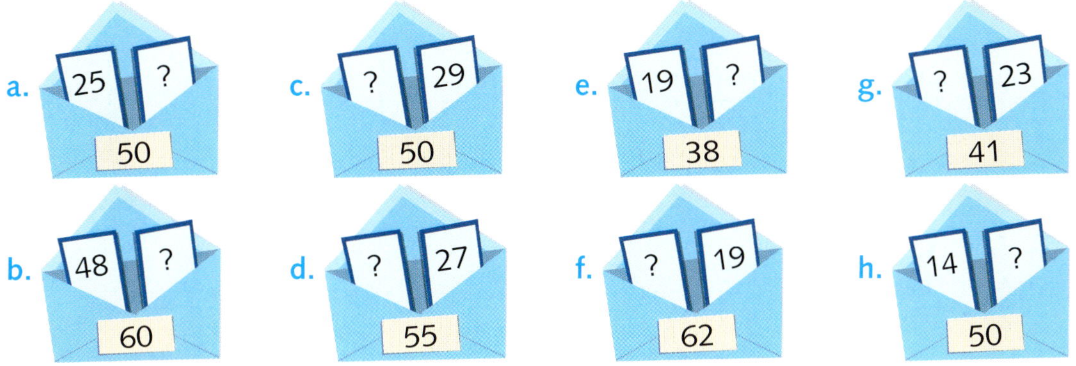

Chercher Traces d'un assemblage de cubes

1 En équipe, construisez un assemblage avec certains des cubes que vous avez reçus. Dessinez sa trace sur une feuille. Ajoutez à cette trace les informations nécessaires pour qu'une autre équipe puisse construire le même assemblage, à partir de votre trace.

Exercices

2

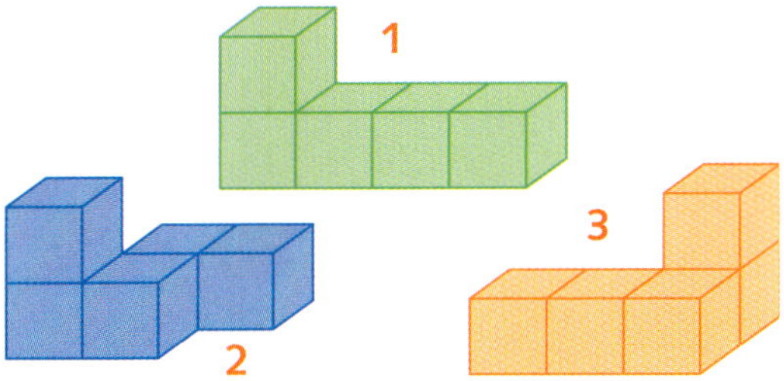

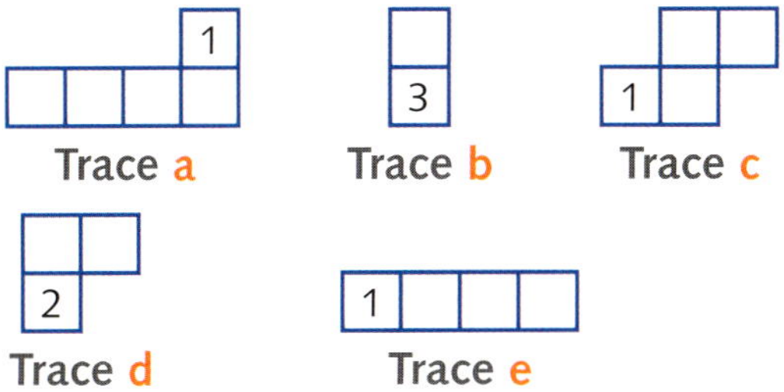

Écris le nom de la trace ou des traces qui correspondent :

a. à l'assemblage 1

b. à l'assemblage 2

c. à l'assemblage 3

3 Dessine une trace de cet assemblage. Code-la pour qu'elle permette à un autre élève de construire le même.

4 Dessine une trace de cet assemblage. Code-la pour qu'elle permette à un autre élève de construire le même.

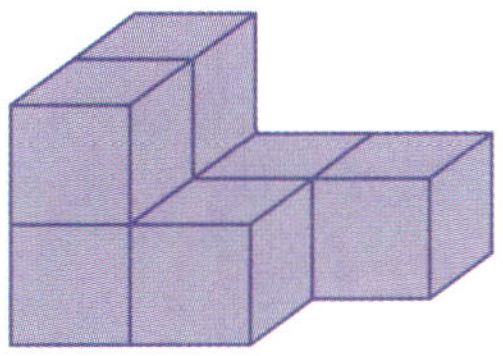

Je prépare le bilan

Guide p. 46	Préparation	Bilan
Unités, dizaines, centaines	Extrait 1	Exercices 1 2 4 5
Calcul réfléchi de compléments	Extrait 2	Exercices 6 7
Assemblage de cubes	Extrait 3	Exercices 8 9

Lis ces extraits de problèmes que tu as eu à résoudre dans l'unité 2 et réponds à la question.
Tu pourras ensuite dire ce que tu as bien compris et ce qui reste difficile pour toi.

Extrait 1

Quel nombre est représenté par l'ensemble des cartes ?

1 unité
1 unité
1 unité
1 unité
1 unité
1 unité
1 unité
1 unité
1 dizaine
1 dizaine
1 dizaine
1 dizaine
1 dizaine
1 dizaine
1 dizaine
1 dizaine
1 dizaine
1 dizaine
1 centaine
1 centaine

QUESTION

Que représentent les mots « centaine », « dizaine », « unité » ?

Extrait 2

Écris le nombre de la deuxième carte pour obtenir le total indiqué sur l'enveloppe.

QUESTION

Quelles méthodes utilises-tu pour répondre à cette question ?

Extrait 3

Écris le nom de la trace ou des traces qui correspondent à l'assemblage 1.

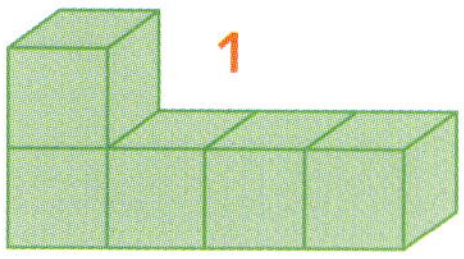

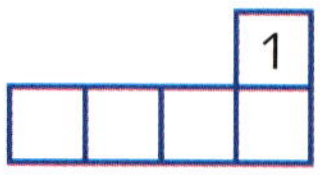

Trace a

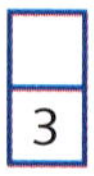

Trace b

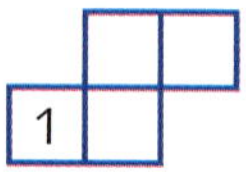

Trace c

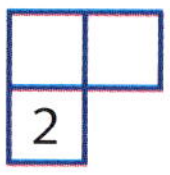

Trace d

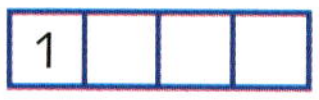

Trace e

QUESTION

Comment reconnais-tu la trace codée qui correspond à un assemblage de cubes ?

Je fais le bilan

À la suite de cette évaluation, les élèves peuvent compléter leur bilan de compétences (→ matériel photocopiable)

1 Complète.
On peut échanger :
a. 5 dizaines contre … unités.
b. 80 unités contre … dizaines.
c. 3 centaines contre … unités.
d. 9 centaines contre … dizaines.
e. 60 dizaines contre … centaines.
f. 700 unités contre … dizaines.
g. 30 centaines contre … dizaines.
h. 200 unités contre … centaines.

2 Complète 3 bons de commande différents pour obtenir 408.

BON DE COMMANDE

...... centaine(s)
...... dizaine(s)
...... unité(s)

3 Écris en chiffres tous les nombres possibles en utilisant deux de ces étiquettes.

80 unités | 13 dizaines | 2 centaines

4 À la poste, les timbres sont vendus par carnets de 10 timbres.
Le directeur de l'école doit envoyer 247 lettres.
Il lui faut un timbre pour chaque lettre.
Combien de carnets de timbres doit-il acheter ?

5 Jules a 2 centaines de timbres et Leïla a 18 dizaines de timbres.
Qui a le plus de timbres ?
Combien de plus ?

6 Que faut-il ajouter à :
a. 15 pour obtenir 25 ?
b. 20 pour obtenir 36 ?
c. 12 pour obtenir 35 ?
d. 17 pour obtenir 40 ?
e. 28 pour obtenir 52 ?

7 Tim a besoin de 45 cubes pour construire un château. Maïa lui en donne 12, Piaf lui en donne 18.
Il demande à Plume de lui donner ceux qui manquent.
Combien de cubes demande-t-il à Plume ?

8 Voici le dessin d'un assemblage de cubes.

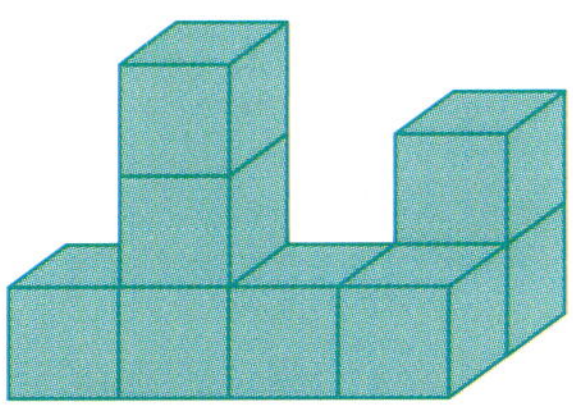

a. Dessine une trace de cet assemblage.
b. Code la trace pour qu'elle permette à un autre élève de construire le même.

9 Indique la trace ou les traces qui correspondent à l'assemblage dessiné.

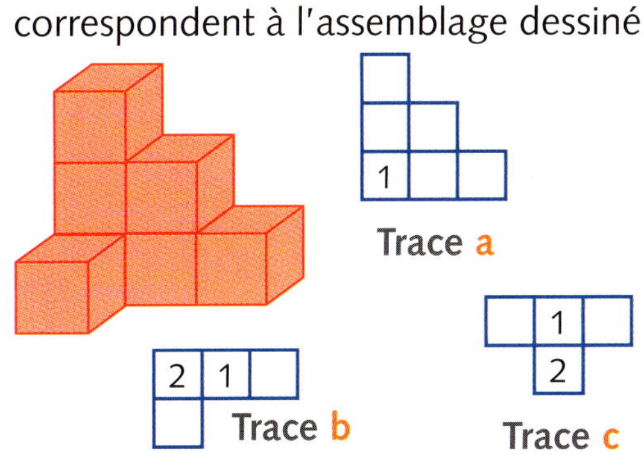

Addition posée ou en ligne

Exercices pour réviser la lecture de l'heure

A Écris l'heure affichée.

a. 

c. 

e. 

g. 

b. 

d. 

f. 

h. 

Chercher — Addition

1 Complète cette addi-grille.

			→	
	259	48	→	......
	76	152	→	......
...... ←	......	......		......

2 Complète cette addi-grille.

			→	
	456	78	→	......
	85	208	→	......
	174	9	→	......
...... ←	......	......		......

Exercices

DICO-MATHS p. 14
Addition posée

3 Calcule.

a. 49 + 145
b. 58 + 206
c. 347 + 353
d. 607 + 197
e. 587 + 33
f. 650 + 150

4 Complète.

			→	
	248	206	→	......
	97	58	→	......
	8	102	→	......
...... ←	......	......		......

5 Sans refaire complètement chaque calcul, trouve les additions qui comportent des erreurs. Corrige-les.

a. 458 + 142 = 601
b. 453 + 87 = 440
c. 254 + 163 = 517

6 Calcule.

a. 96 + ... = 223
b. ... + 119 = 600
c. 85 + ... = 354
d. ... + 325 = 400
e. 208 + ... = 420
f. ... + 543 = 717

7 Additionne deux ou trois de ces nombres : 56 109 258 463
Le résultat doit être plus petit que 500.
Trouve toutes les solutions possibles.

Addition itérée et multiplication

Exercices pour réviser le repérage sur quadrillage

A, **B** et **C** **Cahier de géométrie-mesure page 7.**

Chercher Calcul réfléchi

1 Avec la classe, rejoue quelques parties du jeu *Jetons bien placés*.

Exercices

2 Maïa a gagné 8 cartes de 4 points.
Tim a gagné 5 cartes de 7 points.

0	1	4 (8)
5	7 (5)	10
12	15	16

a. Combien chacun a-t-il marqué de points ?
b. Qui en a marqué le plus ?

3 Maïa et Tim ont placé chacun deux jetons sur le jeu.
Qui a marqué le plus de points ?

0	(6) 1	4 (10)
(8) 5	7	10
12	15 (5)	16

4 Maïa veut marquer 20 points en plaçant un seul jeton sur le jeu.
Trouve plusieurs façons d'y arriver.
Écris tes calculs pour chaque solution.

0	1	4
5	7	10
12	15	16

0 1 2 3 4 5
6 7 8 9 10

5 Est-il possible de marquer ces points en plaçant un seul jeton sur le plateau de jeu ?

a. 0 point c. 14 points e. 30 points
b. 13 points d. 21 points f. 33 points

6 Tim veut marquer 25 points en plaçant deux jetons sur le jeu.
Trouve plusieurs façons d'y arriver.
Écris tes calculs pour chaque solution.

0	1	4
5	7	10
12	15	16

0 1 2 3 4 5
6 7 8 9 10

Addition itérée et multiplication

Exercices pour réviser le repérage sur quadrillage

A Jeu de la bataille navale.

Chercher Calcul réfléchi

1 Avec la classe, rejoue quelques parties du jeu *Jetons bien placés*.
Attention, la règle du jeu change : l'équipe gagnante est celle qui marque le moins de points.

Exercices

2 Tim et Maïa ont placé chacun deux jetons sur le jeu. Ceux de Tim sont rouges et ceux de Maïa sont bleus.
Qui a gagné le moins de points ?

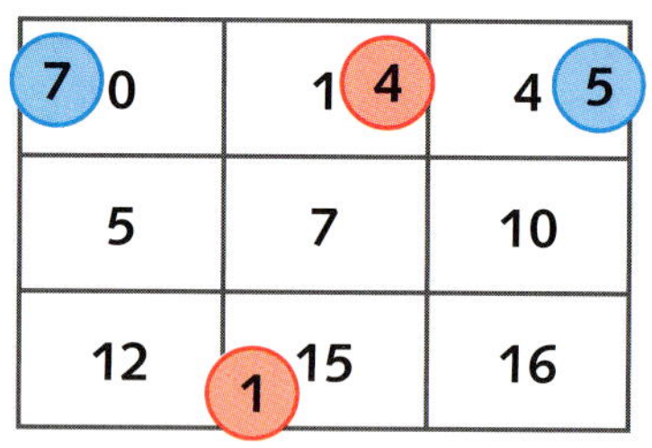

3 Tim et Maïa ont placé chacun trois jetons sur le jeu. Ceux de Tim sont rouges et ceux de Maïa sont bleus.
Qui a gagné le moins de points ?

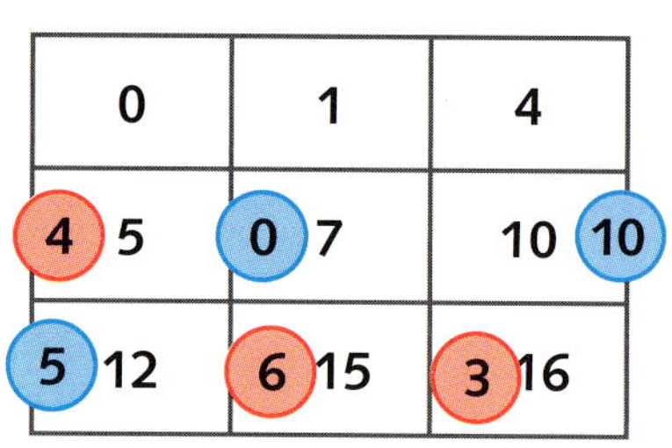

4 Quel jeton faut-il placer sur :
a. la case 5 pour marquer 40 points ?
b. la case 5 pour marquer 30 points ?
c. la case 10 pour marquer 120 points ?

0	1	4
5	7	10
12	15	16

5 Complète.
a. 7 x 9 = …
b. 12 x 1 = …
c. 10 x 7 = …
d. 4 x 7 = …
e. 8 x 6 = …
f. 6 x … = 30
g. 4 x … = 24
h. 8 x 8 = …
i. 12 x … = 0
j. … x … = 1

6

Quel est le nombre pensé par Tim ?
Voici d'autres résultats, trouve les nombres pensés par Tim.

résultats	10	18	24	36	50	76

7

Quel est le nombre pensé par Maïa ?
Voici d'autres résultats, trouve les nombres pensés par Maïa.

résultats	20	35	40	55	60	100

8 2 4 5 6 7 8

En multipliant deux de ces nombres, trouve chacun de ces résultats :
8 16 28 30 35 42

UNITÉ 3

Nombres inférieurs à 1 000 : lecture, écriture

SÉANCE 5 **Guide p. 62**
Calcul mental :
Problèmes (complément à 100)

Problèmes

A Une famille décide d'acheter les 3 vélos. Combien va-t-elle payer ?

B Une personne a acheté 2 vélos. Elle a payé 336 €. Quels vélos a-t-elle achetés ?

C Émilie s'est acheté le vélo pour femme. Elle a aussi acheté une tenue de cycliste. Au total, elle a payé 327 €. Quel est le prix de la tenue de cycliste ?

Chercher Lire et écrire des nombres plus petits que 1 000

1 Es-tu d'accord avec ce que disent Tim, Maïa et Piaf ?

2 Combien faut-il utiliser de chiffres et de mots pour écrire :
a. quatre-vingt-dix-sept ?
b. 607 ?

3 Trouve un nombre qui s'écrit avec un seul mot, mais deux chiffres.

4 Trouve un nombre qui s'écrit avec trois mots, mais deux chiffres.

5 Trouve trois nombres qui s'écrivent avec deux mots mais trois chiffres. Écris ces nombres en lettres et en chiffres.

Exercices

6 Vrai ou faux ?
a. 85 s'écrit avec deux mots
b. 250 s'écrit avec trois mots
c. 297 s'écrit avec six mots
d. 999 s'écrit avec cinq mots
e. 800 s'écrit avec deux mots

7 Trouve trois nombres qui s'écrivent avec un mot et avec un chiffre. Écris-les en chiffres et en lettres.

8 Trouve trois nombres qui s'écrivent avec trois mots et avec trois chiffres. Écris-les en chiffres et en lettres.

Repérage sur quadrillage

Exercices pour réviser les écritures littérales et chiffrées

DICO-MATHS p. 2
Lire et écrire les nombres

A Écris en chiffres :
a. soixante-huit
b. soixante-dix-huit
c. cent trente
d. deux cent trente
e. quatre cent quatre-vingts
f. deux cent seize

B Écris en lettres :
a. 87 c. 206 e. 581
b. 98 d. 720 f. 578

C Écris en lettres et en chiffres :
a. trois nombres qui s'écrivent avec deux mots et avec deux chiffres.
b. trois nombres qui s'écrivent avec quatre mots et avec trois chiffres.

Chercher Bataille navale

1 et **2** **Cahier de géométrie-mesure page 8.**

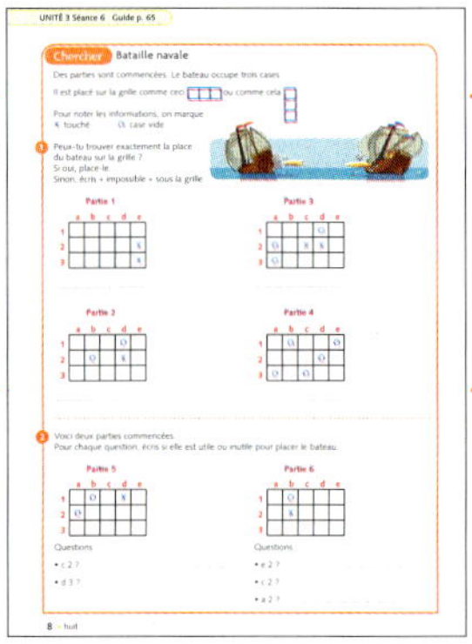

Exercices

3 Dessine les grilles des parties 7 et 8.
Avec les informations indiquées sur la grille, peux-tu placer le bateau ?
Si oui, dessine-le. Sinon, écris « impossible » sous la grille.

Partie 7

	a	b	c	d	e
1					
2				X	O
3			O		

Partie 8

	a	b	c	d	e
1				O	
2				X	
3					

4 Voici deux parties commencées.
Pour chaque question, écris si elle est utile pour placer le bateau.

Partie 9

	a	b	c	d	e
1	O				
2			X		O
3		O			

Questions :
- b 1 ?
- a 2 ?
- d 3 ?
- c 1 ?

Partie 10

	a	b	c	d	e
1	O			O	
2			O		
3		O			

Questions :
- b 1 ?
- e 2 ?
- e 3 ?
- c 3 ?

Utiliser une règle graduée

Exercices pour réviser les écritures littérales et chiffrées

DICO-MATHS p. 2
Lire et écrire les nombres

A cent(s) | deux | vingt | douze

Utilise ces étiquettes pour écrire en lettres et en chiffres :
a. tous les nombres qui s'écrivent avec deux mots.
b. tous les nombres qui s'écrivent avec deux chiffres.
c. tous les nombres qui s'écrivent avec trois chiffres.

Exercices Règle cassée

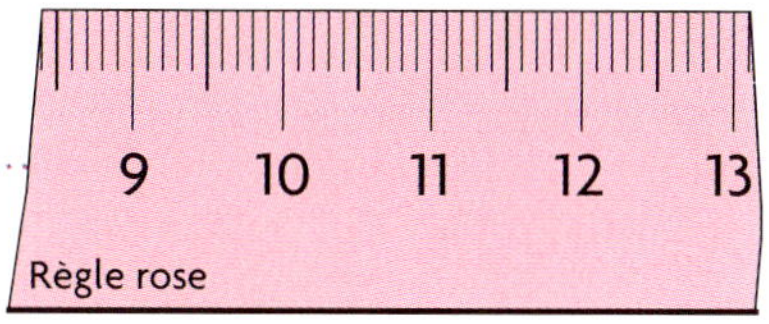

1 Choisis une de tes règles cassées et mesure les segments **a**, **b** et **c**.
Indique la règle que tu utilises.

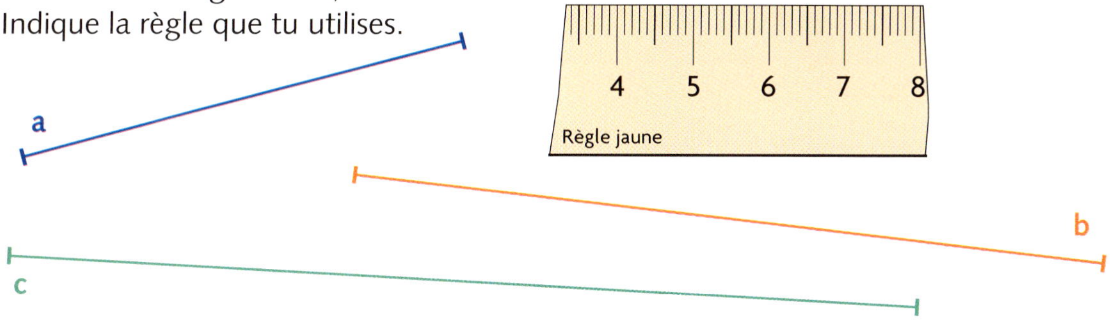

2 Mesure avec l'une de tes règles cassées les segments **d**, **e**, **f**, **g** et **h**.
Indique la règle que tu utilises.

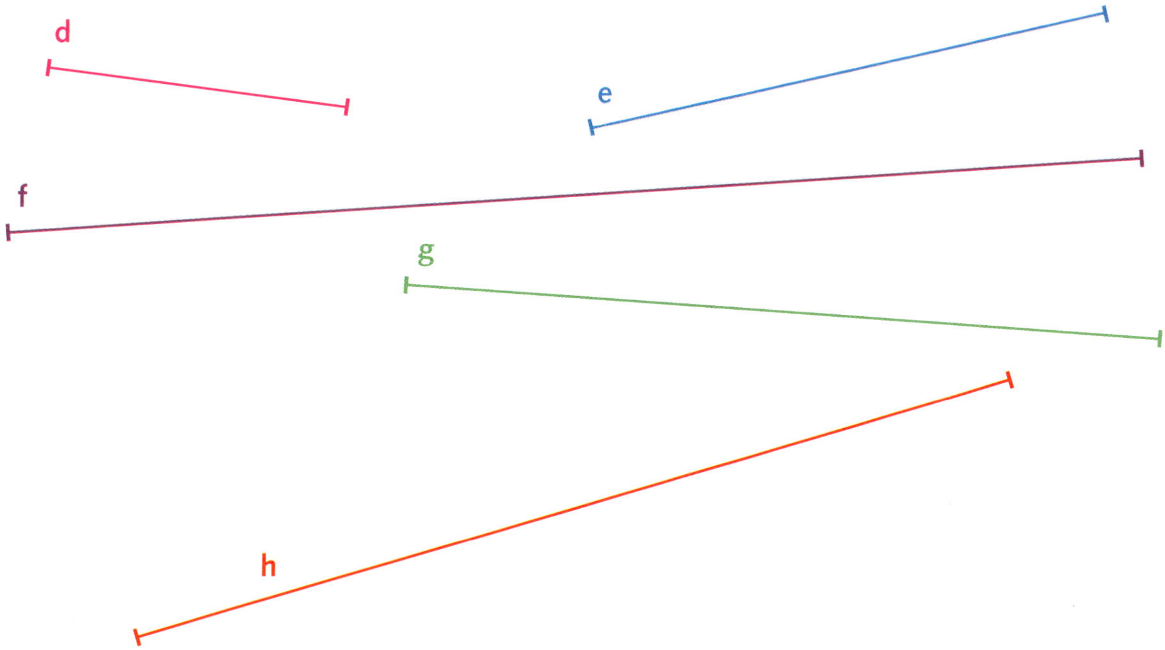

3 Avec « une règle sans nombre », invente une règle cassée.
Explique comment il faut l'utiliser pour mesurer n'importe quel segment.

Je prépare le bilan

Guide p. 71	Préparation	Bilan
Addition posée ou en ligne	Extrait 1	Exercice 1
Addition itérée et multiplication	Extrait 2	Exercices 2 3
Repérage sur quadrillage	Extrait 3	Exercice 5
Règle graduée	Extrait 4	Exercice 6

Lis ces extraits de problèmes que tu as eu à résoudre dans l'unité 3 et réponds à la question.
Tu pourras ensuite dire ce que tu as bien compris et ce qui reste difficile pour toi.

Extrait 1

Sans refaire complètement chaque calcul, trouve les additions qui comportent des erreurs. Corrige-les.

a. 458 + 142 = 601

b. 453 + 87 = 440

c. 254 + 163 = 517

QUESTION

À quoi faut-il faire attention quand on pose une addition en colonnes puis quand on fait le calcul ?

Extrait 2

Tim et Maïa font une partie du jeu *Jetons bien placés*.

0	1	4 (8)
5	7 (5)	10
12	15	16

a. **Combien chacun a-t-il marqué de points ?**

b. **Qui en a marqué le plus ?**

QUESTION

Quelles méthodes utilises-tu pour calculer un produit ?

Extrait 3

Voici deux parties commencées. Pour chaque question, écris si elle est utile pour placer le bateau.

Partie 5

	a	b	c	d	e
1		O		X	
2	O				
3					

Questions :
- c 2 ?
- d 3 ?

Partie 6

	a	b	c	d	e
1		O			
2		X			
3					

Questions :
- e 2 ?
- c 2 ?
- a 2 ?

QUESTION

Dans ce jeu, comment faire pour poser une question utile ?

Extrait 4

Mesure avec l'une de tes règles cassées le segment d. Vérifie à l'aide du double décimètre.

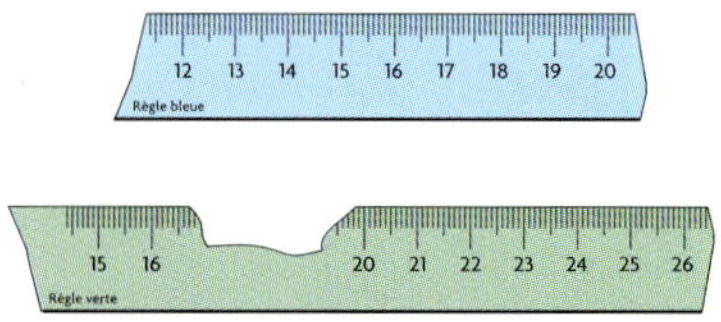

QUESTIONS

Comment faut-il s'y prendre pour mesurer avec un double décimètre ? Et avec une règle cassée ?

Je fais le bilan

À la suite de cette évaluation, les élèves peuvent compléter leur bilan de compétences (→ matériel photocopiable)

1 Calcule avec la méthode de ton choix.

a. 542 + 256 + 89

b. 625 + … = 802

2 Maïa et Tim ont placé chacun deux jetons sur le jeu.
Ceux de Maïa sont bleus et ceux de Tim sont rouges.
Combien chaque joueur a-t-il marqué de points ?
Écris tes calculs.

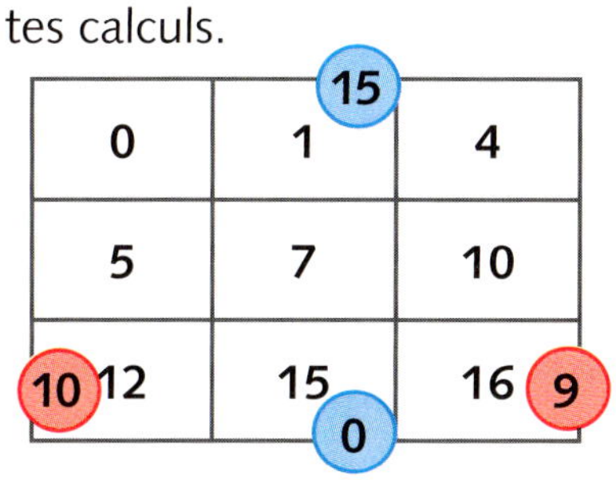

3 a. Quel jeton faut-il placer sur la case 7 pour marquer 28 points ?

b. Quel jeton faut-il placer sur la case 4 pour marquer 32 points ?

0	1	4
5	7	10
12	15	16

4 Complète.

a. 4 x 7 = …

b. 5 x 9 = …

c. 8 x … = 24

d. 15 x … = 60

e. … x 10 = 50

f. … x 8 = 48

5 Le bateau est placé sur la grille comme ceci  ou comme cela .

	a	b	c	d	e
1		O			
2					
3			X	O	

Voici des questions et les réponses à ces questions :

questions	**réponses**
• b 1 ?	vide
• d 3 ?	vide
• c 3 ?	touché

En posant une seule question de plus, tu peux savoir où se trouve le bateau.
Écris ta question.

6 Choisis une de tes règles cassées et mesure la ligne.
Indique la règle que tu utilises.

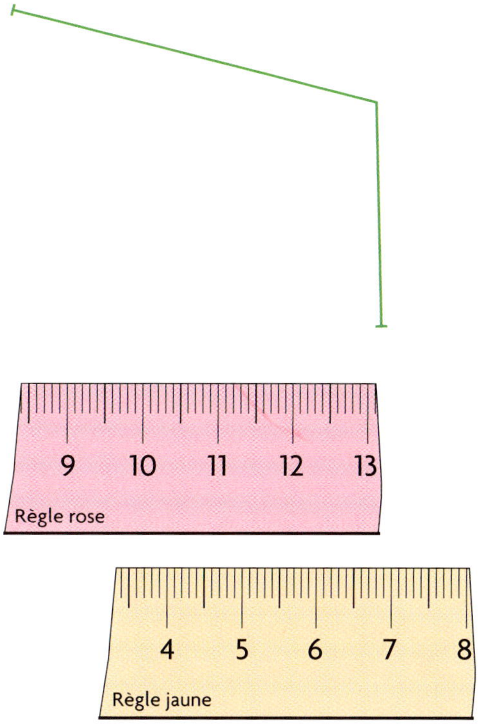

Exercices complémentaires

Nombres

1

5 dizaines	1 centaine	5 unités	10 dizaines
65 dizaines	3 centaines	3 unités	3 dizaines

Utilise ces étiquettes pour obtenir chacun des nombres suivants :

a. 305 c. 700 e. 858
b. 350 d. 208 f. 950

2 Écris la suite des nombres de 1 en 1, de 387 à 405.

3 Écris la suite des nombres de 10 en 10, de 87 jusqu'à 257.

4 Écris la suite des nombres de 5 en 5, de 86 jusqu'à 171.

5 Trouve la règle et complète.

a.

11	21	31	41	...	...	...

b.

10	21	32	43	...	...	...	...	...	...

c.

...	212	323	434	...	...	...

d.

...	...	8	16	32	...	...

e.

150	130	110	...	...	...	...

Calcul

6

2 5 7 8 10
14 17 20

a. Additionne deux ou trois de ces nombres pour obtenir :
12, 15, 19, 22, 24, 30.

b. Soustrais deux de ces nombres pour obtenir :
2, 3, 5, 7, 9, 10.

7 Décompose chaque nombre en utilisant le plus possible de 5.

exemple 24 = 5 + 5 + 5 + 5 + 4

52 = ... 60 = ...
47 = ... 78 = ...

Problèmes

8 Tim achète des boîtes de graines pour Piaf. Il existe six sortes de boîtes et il peut choisir plusieurs boîtes de chaque sorte.

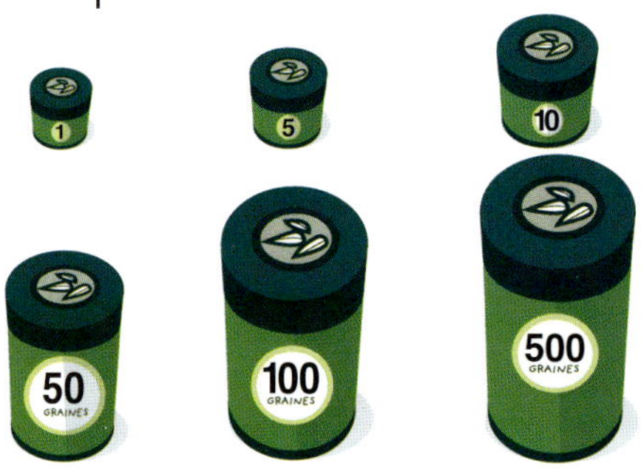

Aide-le à choisir le moins possible de boîtes pour préparer exactement :

a. 34 graines ? f. 640 graines ?
b. 75 graines ? g. 507 graines ?
c. 87 graines ? h. 970 graines ?
d. 209 graines ? i. 587 graines ?
e. 427 graines ? j. 869 graines ?

9

a. Choisis trois objets et calcule le prix total.

b. Recommence avec un lot de 3 objets différents.

c. Avec 100 €, Tim veut acheter deux objets. Trouve le prix de tous les lots de deux objets que tu peux constituer.

Géométrie

10 Dessine deux traces codées de cet assemblage.

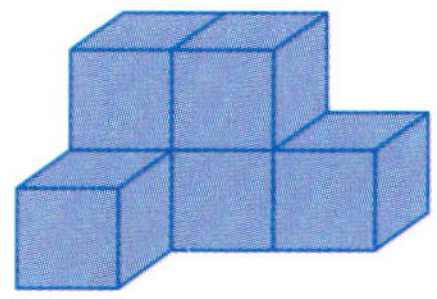

11 Quelle est la trace ou quelles sont les traces codées qui correspondent à cet assemblage ?

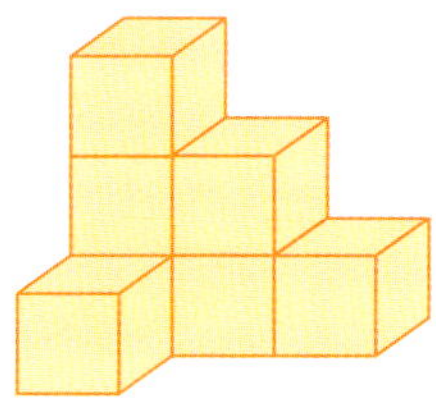

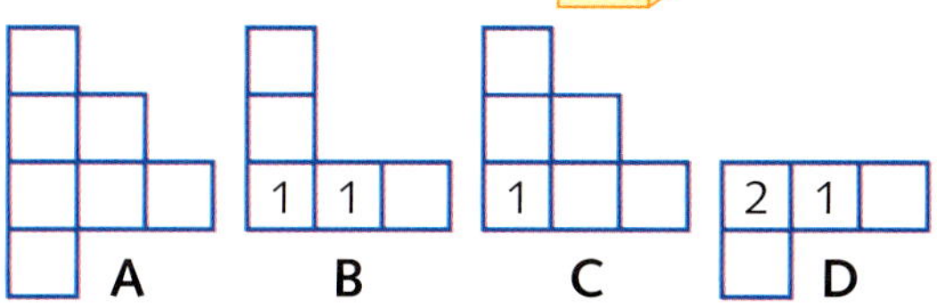

12 Code chacune de ces traces pour qu'elle corresponde à l'assemblage.

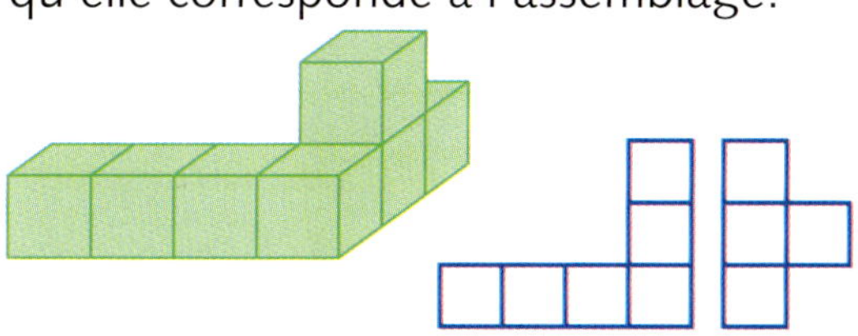

13 Voici des parties commencées de bataille navale. Le bateau occupe 3 cases.
O case vide X touché
Pour chaque question, écris si elle est utile ou non.

Partie 1

	a	b	c	d	e	f
1						
2					X	
3				O		
4						

- f 2 ?
- d 1 ?
- a 3 ?
- e 1 ?
- d 4 ?

Partie 2

	a	b	c	d	e	f
1		X				
2		O				
3						
4						

- e 2 ?
- c 1 ?
- a 3 ?
- a 1 ?
- b 4 ?

Mesure

14 Recopie les phrases qui sont justes et donne un ordre de grandeur pour chacun des objets cités.

a. Une porte mesure plus de 1 m de haut.

b. Une table de classe mesure plus de 1 m de haut.

c. Un stylo mesure plus de 1 m de long.

15 Reproduis la ligne brisée.
Complète-la pour avoir une ligne de 16 cm.

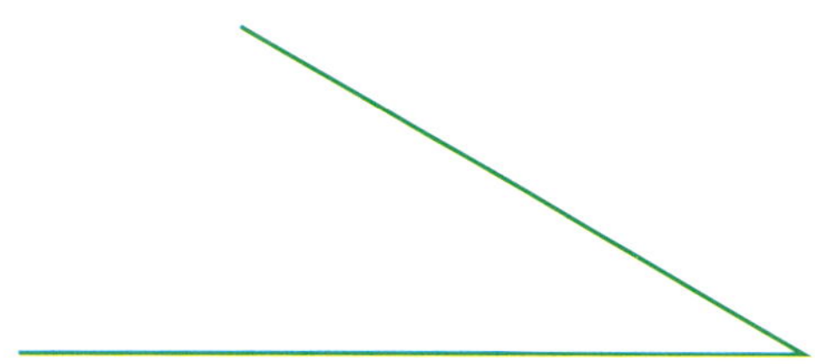

16 La ligne brisée mesure-t-elle plus ou moins de 1 m ? Explique pourquoi.

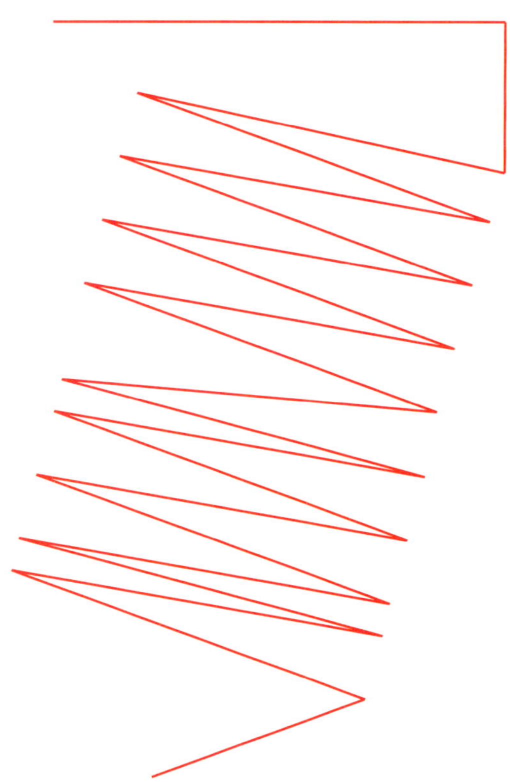

1 Math•magazine

Comme les Égyptiens, il y a 5 000 ans

Il y a près de 5 000 ans, les Égyptiens de l'Antiquité écrivaient les nombres en gravant des dessins stylisés qu'on appelle des hiéroglyphes, l'« écriture des dieux ».

Sur les pierres du Temple de Karnak, est gravée la liste des offrandes sacrées.

Voici quatre exemples pour t'aider à comprendre comment les Égyptiens écrivaient les nombres.

L'écriture de 8 : 

L'écriture de 32 : 

L'écriture de 204 : 

L'écriture de 2 007 : 

→ *En utilisant les exemples ci-dessus, trouve la valeur de chacun de ces hiéroglyphes :* 

Comme les Grecs, il y a 2 500 ans

Il y a très longtemps (plus de 2 500 ans), les Grecs avaient imaginé un autre système pour écrire les nombres.

Ils n'utilisaient ni les mêmes chiffres ni les mêmes règles que nous. Ils se servaient des lettres grecques.

Voici quelques nombres écrits comme les Grecs les écrivaient à l'époque. Ils représentent des sommes d'argent dans la monnaie de l'époque, le drachme.

notre système	3	6	12	35	51	200	520	1 004	5 060
le système grec	ΙΙΙ	ΓΙ	ΔΙΙ	ΔΔΔΓ	𐅄Ι	ΗΗ	𐅅ΔΔ	ΧΙΙΙΙ	𐅆𐅄Δ

→ *As-tu trouvé ce que représente chaque signe utilisé par les Grecs et comment fonctionne ce système ?*

Le jeu des trois cases

Ce jeu se joue à deux ou trois joueurs.

Le matériel

– Un quadrillage de 16 cases
– Un dé
– 8 petits cartons sur lesquels sont écrits les nombres de 7 à 14

7 9 8 12 11 10 13 14

La règle du jeu

- Les petits cartons portant les nombres sont étalés sur la table, à l'envers.
- Un des joueurs choisit un des cartons et le retourne : le nombre écrit est la cible à atteindre.
- Ensuite, chaque joueur, à tour de rôle, lance le dé.
- Il inscrit le nombre marqué par le dé dans une case libre du quadrillage.
- **Le gagnant** est celui qui réussit à former un alignement de trois cases dont la somme des nombres est égale au nombre écrit sur le petit carton retourné. Les cases peuvent être alignées en colonne, en ligne ou en diagonale.

On recommence ensuite avec un nouveau quadrillage et en retournant un autre petit carton.

La partie de Tim et Maïa

Tim et Maïa ont commencé à jouer. C'est au tour de Maïa.
Elle lance le dé et obtient 5. Elle l'écrit dans la case où se trouve l'étoile.
Elle a gagné car : 1 + 2 + 5 = 8 !

	4	*	
	2	1	
1			

8

Valeur positionnelle des chiffres

Exercices pour réviser les unités de durée

A Pour répondre, utilise le calendrier.
Combien y a-t-il :

a. de jours dans une semaine ?
b. de jours dans chaque mois ?
c. de semaines dans chaque mois ?
d. de semaines dans l'année ?
e. de mois dans l'année ?
f. de jours dans l'année ?

Exercices D'un nombre à un autre

1 Écris cinq nombres, en avançant de 100 en 100 à partir de 245.

2 Écris quinze nombres, en avançant de 10 en 10 à partir de 365.

3 Écris huit nombres en avançant de 102 en 102 à partir de 107.

4 Tu peux utiliser les touches (+) (−) (=) de la calculatrice.
Quel calcul dois-tu taper sur ta calculatrice pour afficher le nombre d'arrivée ?

	a	b	c	d	e	f	g	h	i	j
Nombre de départ	234	545	658	802	918	485	209	653	706	879
Nombre d'arrivée	434	548	608	872	911	455	709	643	206	829

5 Tu peux utiliser les touches (+) (−) (=) de la calculatrice.
Quelle suite de calculs dois-tu taper sur ta calculatrice pour afficher le nombre d'arrivée ?

	a	b	c	d	e	f	g	h	i	j
Nombre de départ	145	247	306	199	758	562	653	642	369	222
Nombre d'arrivée	385	744	246	209	808	402	850	702	381	720

6 Complète, sans poser l'opération et sans utiliser la calculatrice.

a. 642 + 200 = …
b. 706 − 50 = …
c. 425 − 203 = …
d. 754 + … = 956
e. 857 + … = 907
f. 429 + … = 432
g. 856 − … = 456
h. 364 − … = 304
i. 809 − … = 600

7 Tu peux taper (+) **100** ou (+) **20** ou (+) **5** plusieurs fois sur ta calculatrice.
Que dois-tu taper pour que le nombre affiché passe :

a. de 417 à 637 ?
b. de 208 à 648 ?
c. de 243 à 488 ?
d. de 763 à 908 ?
e. de 325 à 545 ?
f. de 260 à 415 ?

Comparaison de nombres

Exercices pour réviser les compléments à 100

A Additionne deux nombres pour trouver 100.
Écris toutes les sommes possibles.

54 18 44 52 34 82 66 56 49 80 37 20 48

B Complète.

a. Combien pour aller de 54 à 100 ?
b. Combien pour aller de 88 à 100 ?
c. Combien pour aller de 6 à 100 ?
d. Combien pour aller de 30 à 100 ?

e. 75 + … = 100
f. 3 + … = 100
g. 87 + … = 100
h. 36 + … = 100

i. 100 – 16 = …
j. 100 – 10 = …
k. 100 – 94 = …
l. 100 – 53 = …

Chercher Des nombres à comparer

1 En équipe, joue quelques parties de *Nombres à ranger*.
Pour trouver le plus petit nombre et le plus grand nombre, pose des questions sur les nombres écrits sur les cartes.
Exemples de questions que tu peux poser :
- Combien le nombre **A** a-t-il de chiffres ?
- Le chiffre des centaines de **A** est-il plus grand que celui de **B** ?

Exercices

DICO-MATHS p. 5
Comparer des nombres

2 218 102 87 345 78 708 435

a. Quel est le plus petit de ces nombres ?
b. Quel est le plus grand de ces nombres ?

3 Avec 2 4 7 9 écris :
a. le plus petit nombre de deux chiffres
b. le plus petit nombre de trois chiffres
c. le plus grand nombre de deux chiffres
d. le plus grand nombre de trois chiffres

4 Avec 0 1 4 7 écris :
a. le plus petit nombre de deux chiffres
b. le plus petit nombre de trois chiffres
c. le plus grand nombre de deux chiffres
d. le plus grand nombre de trois chiffres

5 Complète avec < ou >.
a. 245 … 450
b. 309 … 210
c. 99 … 101
d. 360 … 269
e. 198 … 288
f. 608 … 707

6 Avec 0, 1, 6, 6, 7, 7 écris un nombre dans chaque étiquette vide.
Les nombres doivent être rangés du plus petit au plus grand.

674 | … | 680 | … | 710

7 Écris 2 6 9 à la bonne place.

27 • > • • 0

8 Écris 0 4 5 à la bonne place.

5 • 7 < • 1 •

Comparaison de nombres

Exercices pour réviser les suites de nombres

A Complète. Sur chaque ligne, les nombres se suivent de 1 en 1.

a.	86	87	88									
b.				252	253	254						
c.						703	704	705				

B Écris les nombres en avançant de 10 en 10, de 48 jusqu'à 168.

C Écris les nombres en reculant de 10 en 10, de 736 jusqu'à 586.

Chercher Des nombres à comparer

1 Rejoue quelques parties de *Nombres à ranger*.
Attention, la règle change : il y a maintenant 3 nombres à ranger !
Un joueur doit trouver le plus petit nombre, un autre le plus grand nombre et le troisième le nombre situé entre le plus petit et le plus grand.

Exercices

DICO-MATHS p. 5
Comparer des nombres

2 | A | • • • | | B | 8 • 1 |

Avec ces informations, trouve les nombres A et B :
– Le chiffre des centaines de A est plus grand que le chiffre des centaines de B.
– A a le même chiffre pour ses centaines et pour ses unités.
– Le chiffre des dizaines de A est plus petit que le chiffre des unités de B.
– A et B ont le même chiffre des dizaines.

3 Range du plus grand au plus petit.
209   119   199   307   129   179

4
260   56   12   702   309
199   620   514   399   207   401

Quels sont les nombres :
a. plus petits que 400 ?
b. plus grands que 600 ?
c. qui sont en même temps plus grands que 300 et plus petits que 600 ?

5 Un viaduc est un pont routier ou ferroviaire qui permet de franchir une vallée.

Le viaduc de Garabit

	longueur	hauteur
viaduc des Fades	470 m	133 m
viaduc de Garabit	565 m	122 m
viaduc de Meudon	143 m	36 m
viaduc du Viaur	460 m	116 m
viaduc de l'Angienne	400 m	40 m
viaduc de Morlaix	292 m	36 m

a. Quel est le viaduc le plus long ?
b. Quel est le viaduc le moins long ?
c. Quel est le viaduc le plus haut ?
d. Quel est le viaduc le moins haut ?

UNITÉ 4

Recherche de toutes les possibilités

SÉANCE 5 **Guide p. 85**
Calcul mental :
Addition itérée ou multiplication

Problèmes

A Dans la bibliothèque d'Anaïs, il y a 6 étagères. Sur chaque étagère, Anaïs a rangé 15 livres.
Combien y a-t-il de livres dans la bibliothèque d'Anaïs ?

B Lydia a reçu 5 boîtes de crayons de couleur. Dans chacune des 3 petites boîtes, il y a 10 crayons et dans chacune des 2 grandes boîtes, il y a 24 crayons.
Combien Lydia a-t-elle reçu de crayons ?

Chercher Des euros et des centimes

1 Comment obtenir 1 euro en prenant des pièces dans une seule boîte ?
Trouve toutes les solutions possibles.

2 Comment obtenir 1 euro en prenant des pièces dans deux boîtes ?
Trouve toutes les solutions possibles.

Exercices

3 Quelle est la somme d'argent contenue dans chaque sac ?

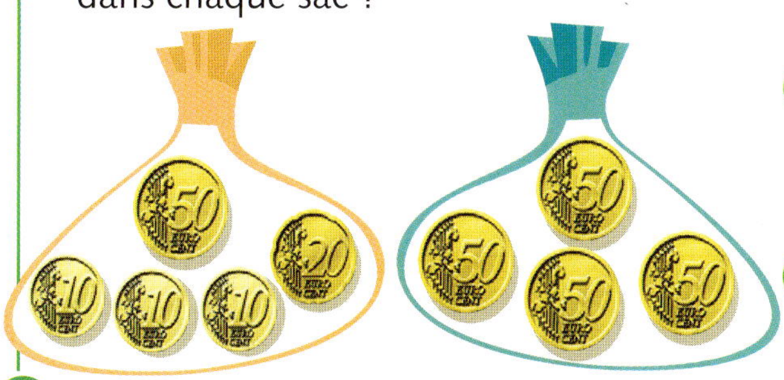

4 Trouve toutes les façons d'obtenir 50 centimes en prenant des pièces dans deux boîtes.

5 Tim pense qu'il y a trois façons d'obtenir 40 centimes en prenant des pièces dans 2 boîtes. A-t-il raison ?

6 Est-il possible d'obtenir 60 centimes en prenant des pièces dans les trois boîtes ?

7 Quelles sont toutes les sommes d'argent qui peuvent être réalisées en prenant 2 pièces ?

8 Quelles sont toutes les sommes d'argent qui peuvent être réalisées en prenant 3 pièces ?

9 Maïa a obtenu 1 € 30 c en prenant 4 pièces. Quelles pièces a-t-elle prises ?

10 Maïa a obtenu 1 € 10 c en prenant 4 pièces. Quelles pièces a-t-elle prises ?

Carrés et rectangles

Exercices pour réviser la monnaie : euros et centimes

A Complète.

a. 2 euros = ... centimes.
b. 3 euros 20 centimes = ... centimes.
c. 7 euros 45 centimes = ... centimes.
d. 3 euros 5 centimes = ... centimes.
e. 400 centimes = ... euros.
f. 610 centimes = ... euros ... centimes.
g. 525 centimes = ... euros ... centimes
h. 802 centimes = ... euros ... centimes.

B Maïa a un billet de 5 euros. Elle veut échanger son billet contre des pièces.
Tim a beaucoup de pièces de 1 €, de 50 c, de 20 c et de 5 c.

a. Trouve quatre façons de réaliser l'échange, avec une seule sorte de pièces.
b. Trouve trois façons de réaliser l'échange avec deux sortes de pièces.

Chercher Portraits de rectangles et de carrés

1 **Travail sur fiches 14 et 15.**
Tu dois utiliser uniquement ton double décimètre.
Choisis une figure.
Écris les informations qui permettront à tes camarades de retrouver la figure que tu as choisie.

Exercices

DICO-MATHS p. 21
Carré, rectangle

2

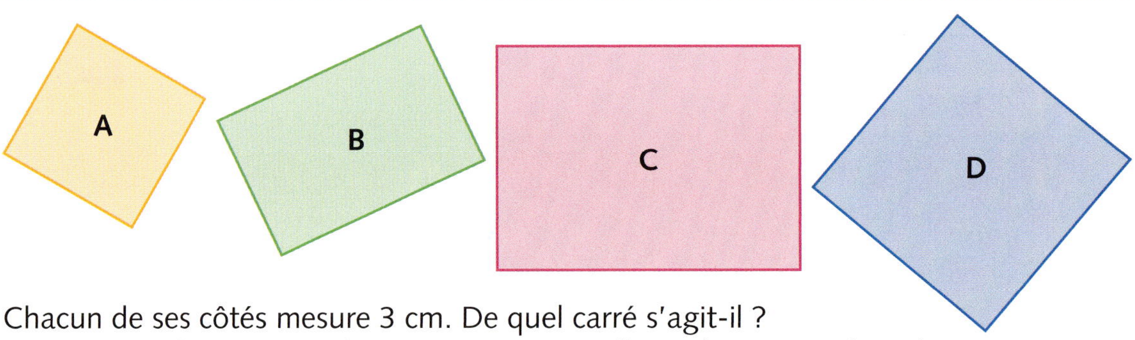

Chacun de ses côtés mesure 3 cm. De quel carré s'agit-il ?
La longueur de ce rectangle mesure 3 cm. Quelle est la mesure de sa largeur ?

3

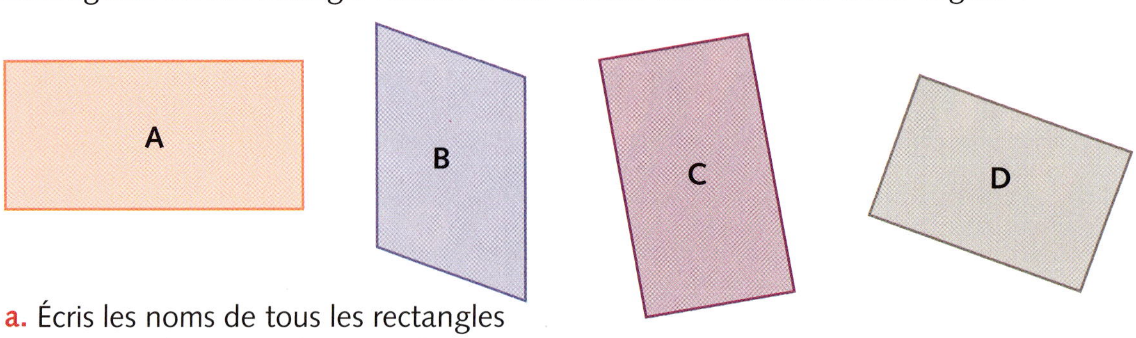

a. Écris les noms de tous les rectangles qui ont une largeur qui mesure 2 cm.
b. Pour chaque rectangle que tu as trouvé, écris la mesure de la longueur.

Centimètres et millimètres

Exercices pour réviser la monnaie : euros et centimes

A Quelle somme d'argent possède Tim ? Combien possède Maïa ?

B Que dois-tu utiliser pour payer le prix exact du livre ?

Chercher Jeu de messages

1 **Travail sur fiche 16.**
Avec ton camarade, écris un message qui permettra à une autre équipe de reproduire à l'identique le segment de ta fiche.

Exercices

DICO-MATHS p. 27
Mesurer un segment

2 Mesure chaque ligne et écris sa longueur.

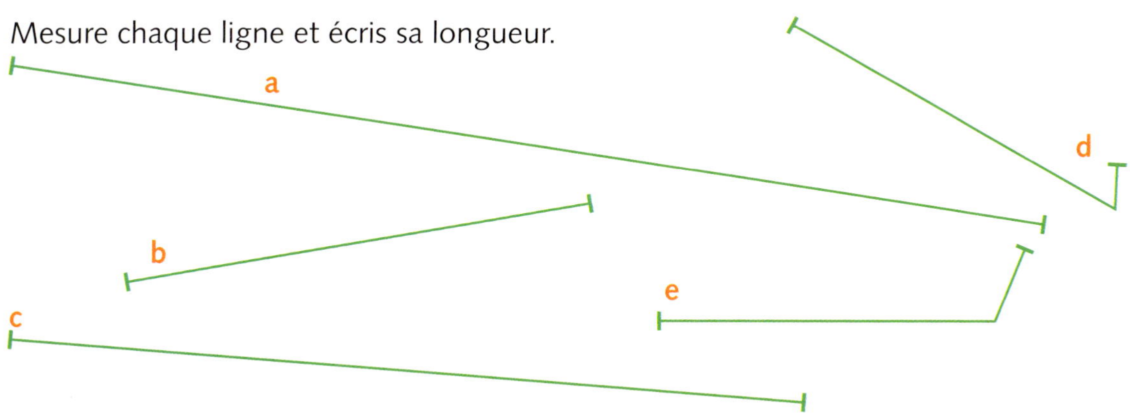

3 Trace les segments.
f mesure 3 cm et 2 mm
g mesure 11 cm et 6 mm
h mesure 4 mm
i mesure 23 mm
j mesure 85 mm

4 Écris les longueurs des segments f et g en millimètres.
Écris les longueurs des segments i et j en centimètres et en millimètres.

Je prépare le bilan

Guide p. 94	Préparation	Bilan
Valeur positionnelle des chiffres	Extrait 1	Exercice 1
Comparaison de nombres	Extrait 2	Exercices 2
Monnaie en euros et centimes	Extrait 3	Exercice 4
Carrés et rectangles	Extrait 4	Exercice 5
Mesure en cm et mm	Extrait 5	Exercices 6

Lis ces extraits de problèmes que tu as eu à résoudre dans l'unité 4 et réponds à la question.
Tu pourras ensuite dire ce que tu as bien compris et ce qui reste difficile pour toi.

Extrait 1

Quel calcul dois-tu taper pour afficher le nombre d'arrivée ?

	a
Nombre de départ	234
Nombre d'arrivée	434

QUESTION

Que regardes-tu pour répondre à cette question ?

Extrait 2

A	• • •

B	8 • 7

– Le chiffre des centaines de A est plus grand que le chiffre des centaines de B.
– A a le même chiffre pour ses centaines et pour ses unités.
– Le chiffre des dizaines de A est plus petit que le chiffre des unités de B.
– A et B ont le même chiffre des dizaines.

Avec ces informations, écris les nombres A et B.

QUESTION

As-tu assez de renseignements pour écrire A et B ?

Extrait 3

Quelle est la somme d'argent contenue dans chaque sac ?

QUESTION

Que faut-il savoir pour calculer avec les euros et les centimes ?

Extrait 4

La longueur de ce rectangle mesure 2 cm.
De quel rectangle s'agit-il ?

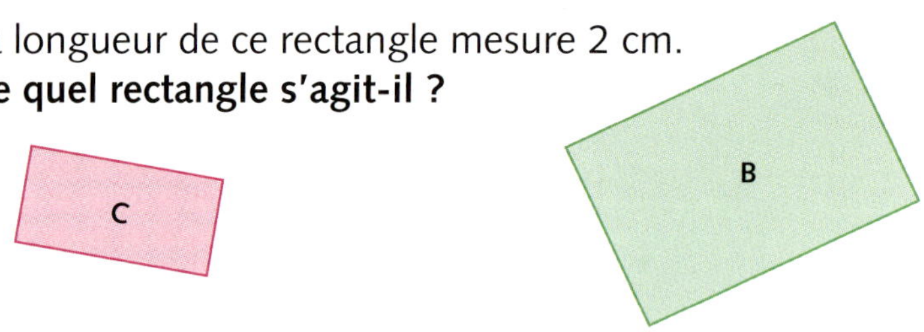

QUESTIONS

Combien d'indications de mesure sont nécessaires pour décrire un rectangle ? Et pour un carré ?

Extrait 5

QUESTIONS

Qui a raison ?
Pourquoi ?

Je fais le bilan

À la suite de cette évaluation, les élèves peuvent compléter leur bilan de compétences (→ matériel photocopiable)

1 Pour passer d'un nombre à un autre, tu peux utiliser les touches (+) (−) (=) de la calculatrice.
Quel calcul dois-tu taper sur ta calculatrice pour afficher le nombre d'arrivée ?

	a	b	c	d	e
Nombre de départ	458	602	528	885	850
Nombre d'arrivée	408	802	588	802	900

2 A et B sont écrits avec 3 chiffres chacun.

A	2 • 1

B	8 • •

– B a le même chiffre pour ses centaines et pour ses dizaines.
– Le chiffre des dizaines de A est plus grand que le chiffre des dizaines de B.
– Le chiffre des unités de B est plus petit que le chiffre des unités de A.
Avec ces informations, écris les deux nombres A et B.

3 Complète avec **>** ou **<**.

a. 601 … 79
b. 291 … 192
c. 99 … 918
d. 505 … 155

4

Avec ces pièces, trouve trois façons de payer exactement ce ballon.

5

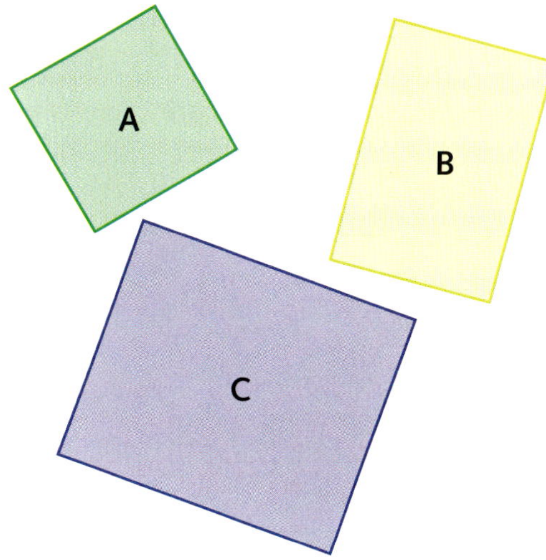

Quelle figure est un carré ?
Combien mesure chaque côté de ce carré ?
Quel est le rectangle dont la longueur mesure 3 cm ?

6 **Travail sur fiche bilan.**
Mesure les lignes et donne leurs longueurs.
Écris leurs longueurs en centimètres et millimètres.

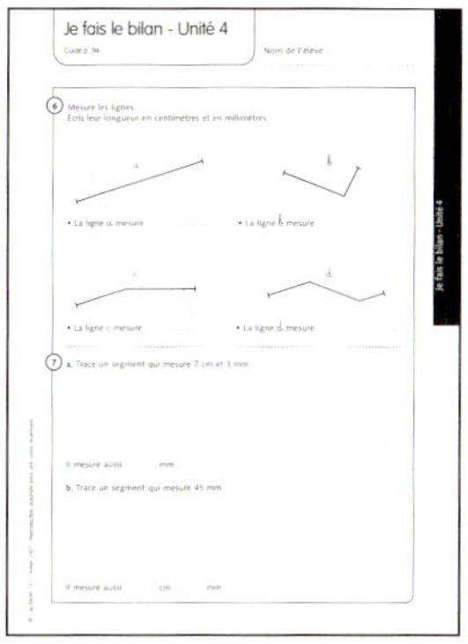

7 **Travail sur fiche bilan.**
a. Trace un segment qui mesure 7 cm et 3 mm.
Écris sa longueur en millimètres.
b. Trace un segment qui mesure 45 mm.
Écris sa longueur en centimètres et millimètres.

Calcul réfléchi de produits

Problèmes

A Sur les 10 premières pages de son album, Louise a mis 2 grandes photos par page.
Sur les 10 pages suivantes, elle a mis 5 photos par page.
Combien de photos a-t-elle placées dans son album ?

B Dans son album, Ludo place 10 petites photos par page.
Il a 40 photos.
Combien de pages va-t-il remplir ?

Chercher Calcul réfléchi

1 Tim et Maïa ont placé leurs pions sur le jeu.
Tim a gagné 30 cartes de 4 points.
Maïa a gagné 10 cartes de 12 points.
Anaïs dit qu'ils ont gagné le même nombre de points.
A-t-elle raison ? Explique ta réponse.

2	(30) 4	5
10	12 (10)	20

2 Tim a placé son jeton sur la case 5.
Il a obtenu 40 points.
Quel nombre est écrit sur son jeton ?
Maïa a placé son jeton sur la case 10.
Elle a obtenu 100 points.
Quel nombre est écrit sur son jeton ?

2	4	5 (...)
(...) 10	12	20

Exercices

3 Qui a gagné ?

2	4	5 (10)
(5) 10	12	20

4 Qui a gagné ?

(10) 2	(30) 4	5
10	12	20

5 Que doit marquer le jeton de Maïa pour avoir le même nombre de points que Tim ?

2	4	5 (6)
(...) 10	12	20

6 Que doit marquer le jeton de Maïa pour avoir le même nombre de points que Tim ?

2	(25) 4	5
10	12	20 (...)

Calcul réfléchi de produits

Exercices pour réviser le carré et le rectangle

A et **B** **Cahier de géométrie-mesure page 9.**

Chercher Calcul réfléchi

1 Tu dois choisir des caisses de 10 bouteilles et des packs de 2 bouteilles pour acheter exactement 38 bouteilles.
Comment peux-tu faire ? Trouve trois solutions différentes.

2 Tu dois choisir parmi les packs de 5 bouteilles et les packs de 2 bouteilles pour acheter 38 bouteilles.
Comment peux-tu faire ? Trouve trois solutions différentes.

Exercices

3 Calcule.

a. 2 x 5 = …
b. 2 x 7 = …
c. 5 x 7 = …
d. 8 x 5 = …
e. 9 x 5 = …
f. 3 x 10 = …
g. 10 x 9 = …
h. 8 x 2 = …
i. 6 x 5 = …
j. 9 x 2 = …

4 Complète.

a. 5 x … = 15
b. 10 x … = 40
c. 5 x … = 25
d. 2 x … = 6
e. 5 x … = 50
f. … x 2 = 14
g. … x 10 = 20
h. … x 7 = 70
i. … x 5 = 20
j. … x 2 = 24

5 Tim veut 45 bouteilles.
Il ne reste que des packs de 5 bouteilles.
Que doit-il acheter ?

6 Anaïs veut 60 bouteilles.
Elle choisit des caisses de 10 bouteilles et des packs de 5 bouteilles.
Que peut-elle acheter ?
Trouve trois solutions différentes.

7 Maïa veut 47 bouteilles.
Elle choisit des caisses de 10 bouteilles, des packs de 5 bouteilles et des packs de 2 bouteilles.
Que peut-elle acheter ?
Trouve trois solutions différentes.

8 Clara veut 59 bouteilles. Elle a déjà choisi 4 caisses de 10 bouteilles.
Elle veut compléter avec des packs de 5 bouteilles et de 2 bouteilles.
Que doit-elle encore acheter ?
Trouve toutes les solutions possibles.

Recherche de compléments

Exercices pour réviser les longueurs en cm et mm

A Combien mesure chaque segment ?

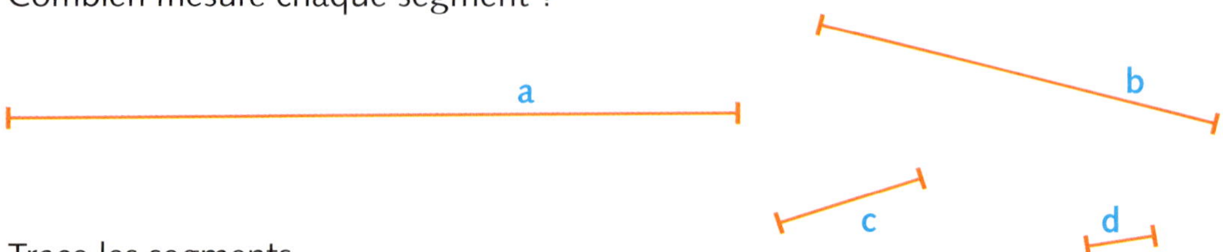

B Trace les segments.

- **f** mesure 4 cm 7 mm
- **g** mesure 10 cm 3 mm
- **h** mesure 5 mm
- **i** mesure 36 mm
- **j** mesure 6 cm 5 mm
- **k** mesure 100 mm

Chercher Les points cachés

1 Combien y a-t-il de points cachés ?

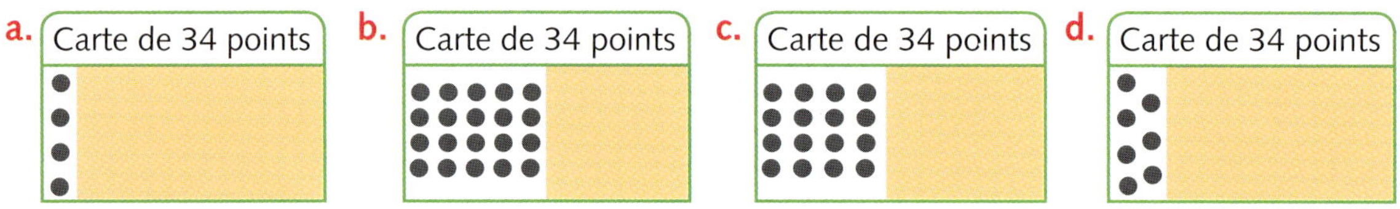

Exercices

2

Il y avait 70 enfants.
Combien se sont cachés dans la forêt ?

3 Combien de points sont cachés ?
Explique ta réponse.

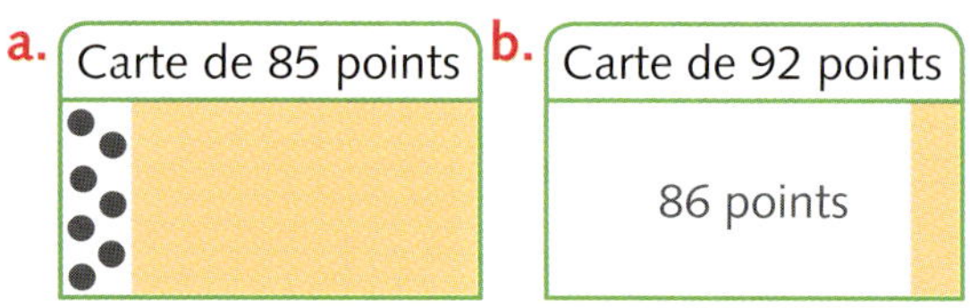

4 Il y a 52 élèves dans la cour.
8 élèves se sont cachés derrière le mur.
Combien d'élèves ne sont pas cachés ?

5 Tim a une collection d'animaux.
Maïa lui a fait une farce, elle a caché 17 animaux.
Tim n'en a plus que 23.
Combien d'animaux Tim avait-il dans sa collection complète ?

Recherche de compléments

Exercices pour réviser la comparaison des nombres

A Range du plus petit au plus grand :
203 78 230 23 32 173 307

B Écris 1 6 8 à la bonne place. 16 • > • • 0

C Écris 0 4 6 7 à la bonne place. • 82 < 5 • • < 50 •

Chercher Les points cachés

1 Combien de points sont cachés ? Tu peux utiliser une calculatrice.

a. Carte de 207 points	**b.** Carte de 700 points	**c.** Carte de 942 points	**d.** Carte de 634 points
97 points	250 points	20 points	258 points

Exercices

2 Trouve chaque fois la longueur qui manque, sans mesurer.
Écris tes calculs.

a.
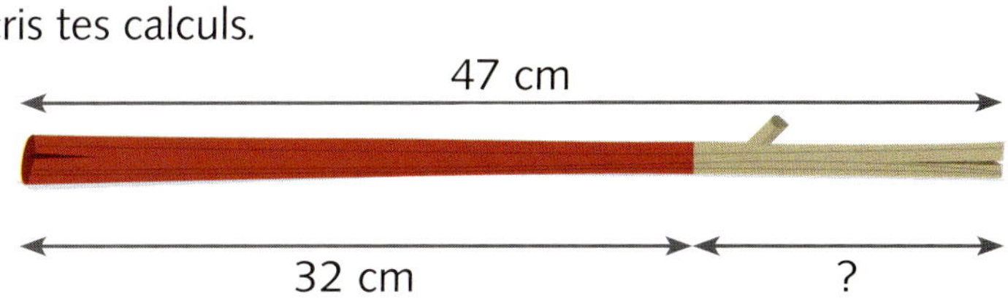

b.
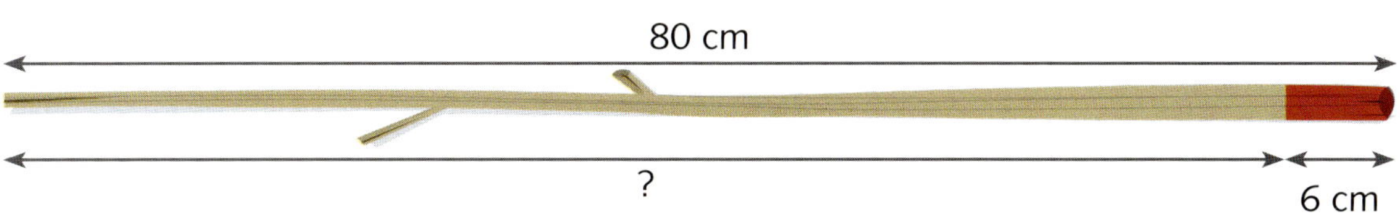

c.
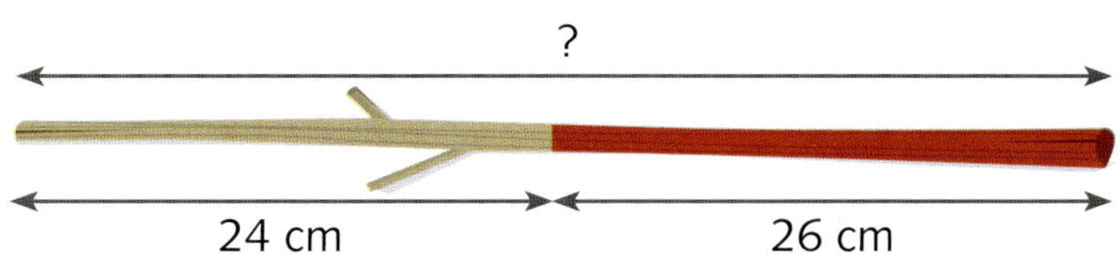

3 Louis veut acheter une chemise à 34 € et un pantalon à 45 €.
Il a 60 € dans son porte-monnaie.
Combien lui manque-t-il pour pouvoir payer ses achats ?

4 Maïa veut acheter un dictionnaire.
Elle a 23 € dans son porte-monnaie.
Il lui manque 12 € pour payer le dictionnaire.
Quel est le prix du dictionnaire ?

Angle droit

Problèmes

A Hervé a 17 images d'animaux.
9 images sont des images de lions.
Les autres sont des images de tigres.
Combien a-t-il d'images de tigres ?

B José a 24 images.
Combien doit-il en demander
à Sophie pour en avoir 30 ?

C Camille a collé 25 photos dans son album. Elle peut encore en coller 15.
Combien de photos y aura-t-il dans l'album lorsqu'elle l'aura rempli ?

D Julie peut placer 60 images dans son album. Elle range 6 images par page.
Elle a déjà rempli 5 pages.
Combien de pages peut-elle encore remplir ?

Chercher Gabarits d'angle droit

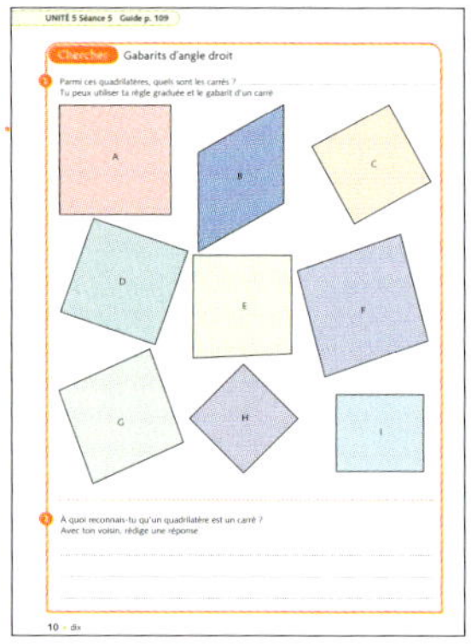

1 et **2** **Cahier de géométrie-mesure page 10.**
Parmi les quadrilatères dessinés, retrouve les carrés.
À quoi reconnais-tu qu'un quadrilatère est un carré ?

3 Quelles pièces peuvent servir de gabarit d'angle droit ?
Pour t'aider, utilise le gabarit d'un carré.

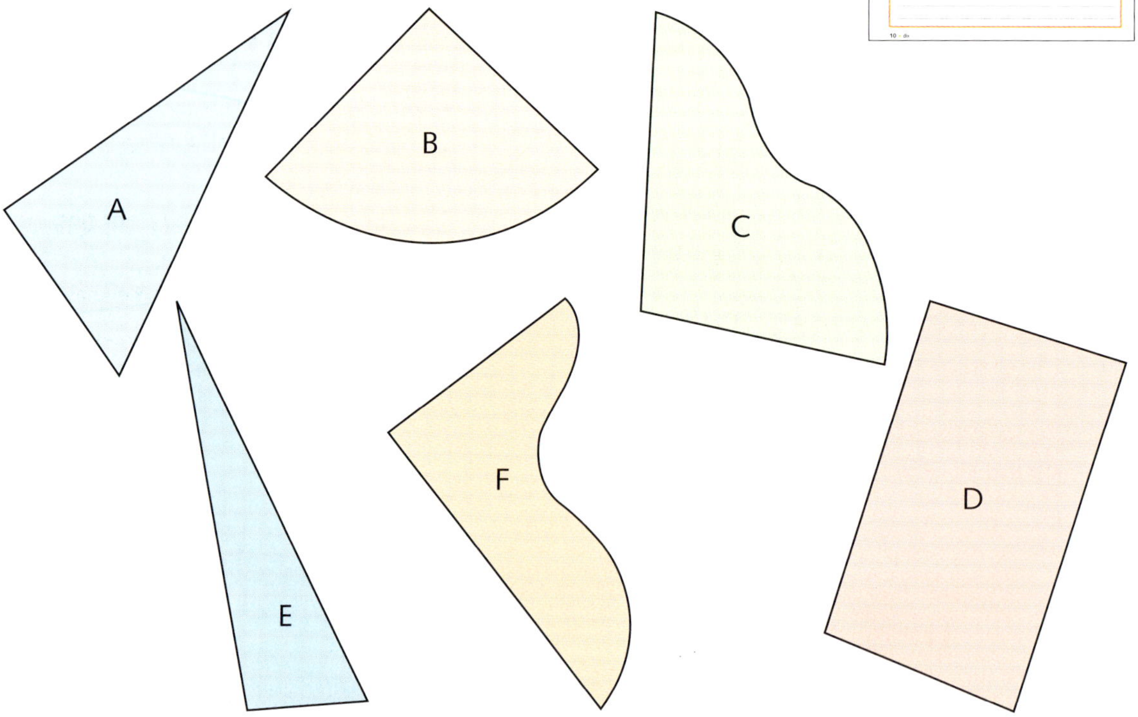

Exercices

4 et **5** **Cahier de géométrie-mesure page 11.**

Dates et durées

SÉANCE 6 Guide p. 113 Pas d'activités dans le manuel
SÉANCE 7 Guide p. 117
Calcul mental :
Compléments et différences

Exercices pour réviser les compléments et différences

Pour répondre, tu peux utiliser ta calculatrice, mais ce n'est pas obligatoire. Si tu l'utilises, écris ce que tu tapes sur la calculatrice.

A Combien y a-t-il pour aller de :

a. 70 à 240 ?
b. 354 à 711 ?
c. 85 à 485 ?
d. 389 à 804 ?
e. 405 à 705 ?
f. 37 à 800 ?

B Calcule.

a. 456 + … = 807
b. 56 + … = 756
c. 30 + … = 900
d. 614 + … = 714
e. 101 + … = 600
f. 35 + … = 307

Chercher Faits divers

1

Dépêche de Capville, le 15 avril.
Perdu chat roux, nommé Moustik,
le 1er mars dans la région de Bellevue.
Belle récompense à qui le rapportera.

À la date du 15 avril, depuis combien de temps recherche-t-on Moustik ?

2

MERCI À TOUS CEUX QUI ONT AIDÉ À RETROUVER NOTRE CHIEN GRIBOUILLE PERDU LE 23 JUILLET. IL A ÉTÉ RETROUVÉ EN PLEINE FORME LE 30 SEPTEMBRE.

Combien de temps Gribouille a-t-il été perdu ?

3

Les astronautes Stern et Duciel sont partis le 15 juillet pour une mission dans la station spatiale Étoile.
Leur mission durera en tout 5 mois et 10 jours.

À quelle date les astronautes Stern et Duciel seront-ils de retour sur Terre ?

4

Les concurrents du tour du monde à la voile en solitaire sont partis de Brest le 1er janvier.
Les premiers n'arriveront pas avant 30 semaines.

Quelle est la date possible d'arrivée des premiers navigateurs ?

Exercices

DICO-MATHS p. 32
Calculer des durées

5

Parti de Brest le 25 septembre pour un tour du monde en solitaire, le célèbre navigateur Levoilier a cassé son mât et a dû arrêter la course le 4 novembre.

Quelle a été la durée de la course pour le navigateur ?

6 Phileas Fogg veut faire le Tour du monde en 80 jours.
Il décide de partir de Londres le 1er avril.
À quelle date sera-t-il de retour à Londres ?

UNITÉ 5

Je prépare le bilan

Guide p. 119	Préparation	Bilan
Multiplication : propriétés	Extrait 1	Exercices 1
Soustraction : complément, différence	Extrait 2	Exercices 3 5
Angle droit, carré, rectangle	Extrait 3	Exercice 6
Durées en mois et jours	Extrait 4	Exercice 7

Lis ces extraits de problèmes que tu as eu à résoudre dans l'unité 5 et réponds à la question.
Tu pourras ensuite dire ce que tu as bien compris et ce qui reste difficile pour toi.

Extrait 1

Qui a gagné ?

2	4	5 (10)
(5) 10	12	20

QUESTION

Comment trouves-tu la réponse ?

Extrait 2

Combien de points sont cachés ?

Carte de 34 points

QUESTION

Que peut-on faire pour trouver la réponse facilement ?

Extrait 3

Quels sont les carrés ?

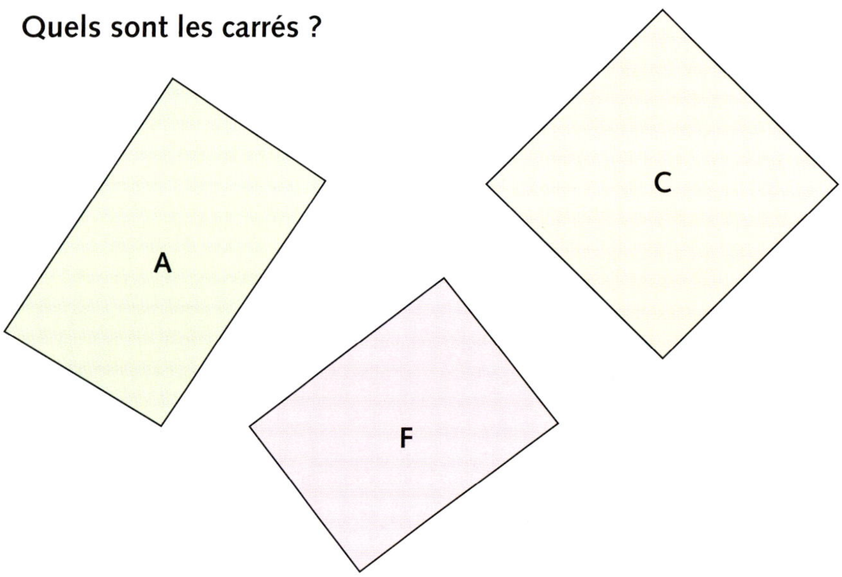

QUESTIONS

Comment reconnaître un carré ?
Comment reconnaître un rectangle ?

Extrait 4

Depuis combien de temps recherche-t-on Moustik ?

Dépêche de Capville, le 15 avril.
Perdu chat roux, nommé Moustik,
le 1er mars dans la région de Bellevue.
Belle récompense à qui le rapportera.

QUESTION

Comment calculer une durée en jours ou en mois et jours ?

Je fais le bilan

À la suite de cette évaluation, les élèves peuvent compléter leur bilan de compétences (→ matériel photocopiable)

1 Complète.

a. 5 x 4 = …
b. 10 x 7 = …
c. 5 x 5 = …
d. 2 x 9 = …
e. 9 x 10 = …
f. … x 2 = 12
g. … x 10 = 30
h. … x 7 = 50
i. … x 5 = 35
j. … x 2 = 28

2 Anaïs veut acheter 30 crayons de couleur. Ils sont vendus par paquets de 2 crayons ou par boîtes de 10 crayons. Que peut-elle demander ? Trouve trois solutions différentes.

3 Combien de points sont cachés ?

Carte de 75 points	
32 points	

4 Combien pour aller de 243 à 567 ? Trouve au moins deux méthodes pour répondre.

5 Combien pour aller de 175 à 453 ? Trouve au moins deux méthodes pour répondre.

6 Quels sont les quadrilatères qui sont des carrés ?
Quels sont les quadrilatères qui sont des rectangles ?

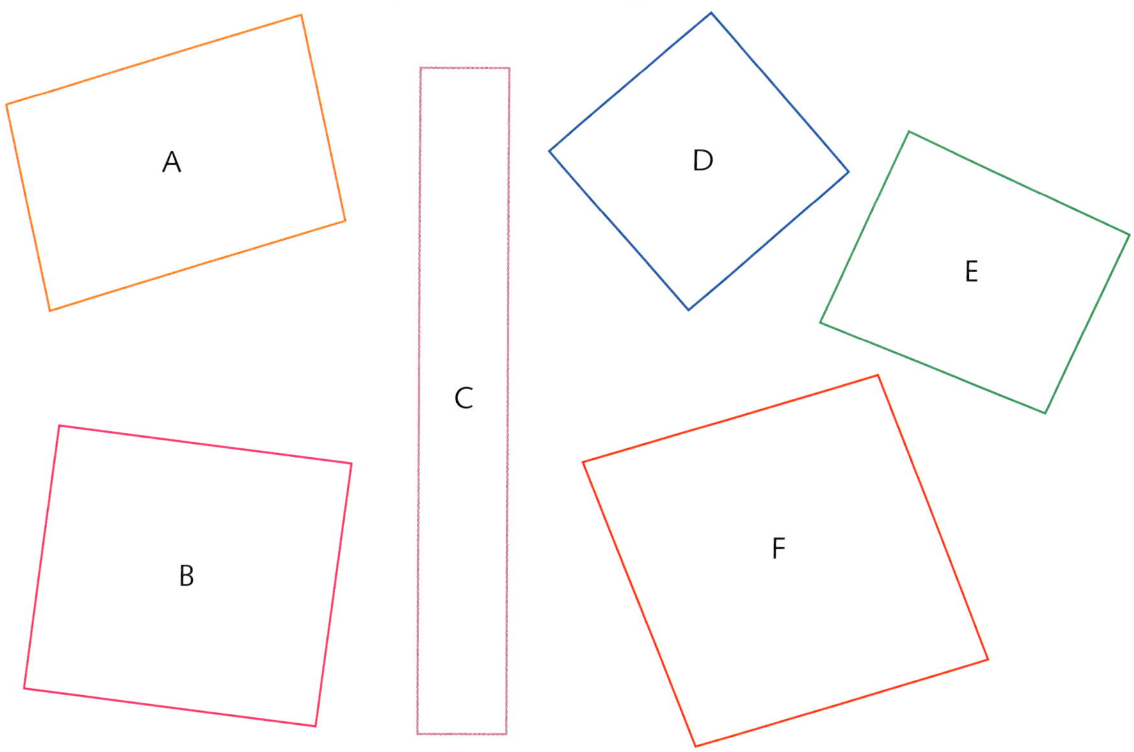

7 M. Cyclo a fait le tour de la France en bicyclette.
Il est parti le 28 juin de Capville et y est revenu le 15 septembre.
Combien de temps a duré son voyage ? Donne la réponse en mois et en jours.

Nombre d'objets en disposition rectangulaire

Calcul mental :
Les compléments à 100

Exercices pour réviser les calculs de sommes et de compléments

A Calcule.

a. 12 + ... = 20
b. ... + 4 = 20
c. 3 + ... = 30
d. 15 + ... = 30
e. 13 + ... = 30
f. 65 + ... = 70
g. ... + 2 = 70
h. 25 + ... = 70

B Complète.

a. 145 + 25 + 50 = ...
b. 57 + 168 + 309 = ...
c. 485 + ... = 706
d. 568 + ... = 625

Chercher Attrape-points

1 Combien vois-tu de points ?

2 Trouve une autre façon de poser le cache pour voir exactement 20 points sur la grille.
Trouve toutes les solutions possibles.

3 Si la grille était plus grande, y aurait-il encore d'autres façons de poser le cache pour voir exactement 20 points ?

4 a. Comment poser le cache autrement pour voir exactement 36 points sur la grille ?
Trouve toutes les solutions possibles.
b. Si la grille était plus grande, y aurait-il encore d'autres façons de poser le cache ?

Exercices

5 Comment poser le cache sur la grille pour voir exactement 11 points ?
Trouve toutes les solutions possibles.

6 Tim a posé le cache sur la grille.
Il compte 7 colonnes et 5 lignes de points.
Combien voit-il de points ?

7 Comment poser le cache pour voir exactement :
a. 16 points ?
b. 17 points ?
c. 24 points ?
d. 30 points ?
Pour chaque nombre, trouve toutes les solutions possibles.

Nombre d'objets en disposition rectangulaire

Exercices pour réviser les durées en mois et jours

Tu peux utiliser ton calendrier.

A Complète.
40 jours = … mois … jours
2 mois = … jours
3 semaines = … jours
1 mois 2 semaines = … jours

B Maïa est partie le 7 avril pour deux semaines.
À quelle date est-elle revenue ?

C Plume fait un séjour sur l'île du Cap du 18 juin au 20 juillet.
Quelle est la durée de son séjour ?

D Tim part le 19 mai à Cap York pour un séjour de 2 mois et 6 jours.
À quelle date revient-il ?

Exercices Attrape-points

1 Des feuilles cachent des points de la grille.
Combien y a-t-il de points sous chaque feuille ?

2 Dans ta grille de points, découpe :
- deux rectangles qui contiennent 18 points ;
- deux autres rectangles qui contiennent 24 points.
Colle ces rectangles dans ton cahier de mathématiques.

3 Combien y a-t-il de petits carreaux dans chacun de ces rectangles ?

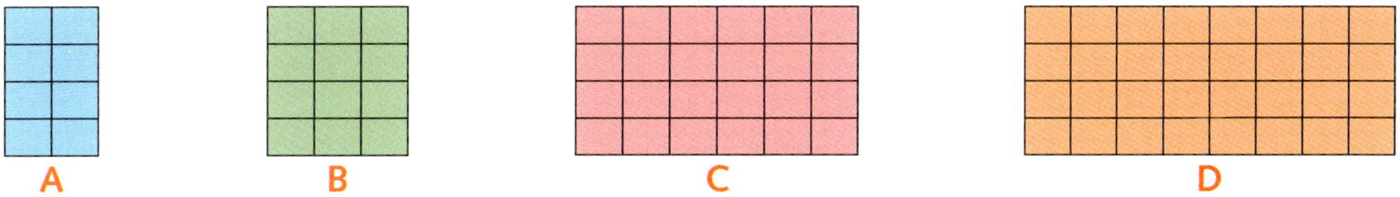

4 Maïa a dessiné des colonnes de 6 carrés.
Combien doit-elle encore dessiner de colonnes pour avoir :
a. 24 carrés ?
b. 48 carrés ?
c. 60 carrés ?
d. 84 carrés ?

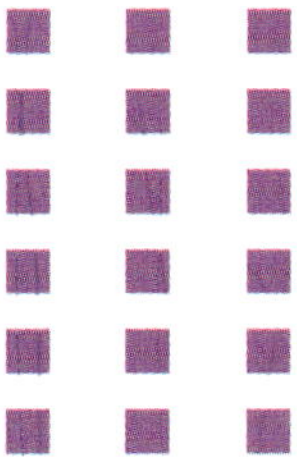

Nombre d'objets en disposition rectangulaire

Exercices pour réviser l'utilisation de l'équerre

A et **B** **Cahier de géométrie-mesure page 14.**

Chercher — Des points en disposition rectangulaire

1 Sur le dessin, il y a 5 colonnes de quilles.
Combien de quilles sont installées ?

2 Combien y aura-t-il de quilles si l'on place :
- a. 10 colonnes ?
- b. 11 colonnes ?
- c. 20 colonnes ?
- d. 21 colonnes ?
- e. 25 colonnes ?
- f. 29 colonnes ?

3 a. Combien faut-il placer de colonnes de quilles pour avoir exactement 72 quilles ?
b. Et pour avoir exactement 96 quilles ?

4 Peux-tu placer exactement 120 quilles par colonnes de 8 ?

5 Peux-tu placer exactement 500 quilles par colonnes de 8 ?

6 Maïa choisit un nombre de quilles entre 100 et 150. Elle doit pouvoir placer toutes les quilles par colonnes de 8. Quels nombres peut-elle choisir ?

Exercices

7 Maïa place 5 baguettes verticalement et 3 horizontalement.
Combien y a-t-il de croisements de baguettes ?

8 Elle place 5 baguettes verticalement.
Puis elle place des baguettes horizontalement.
Combien y a-t-il de croisements si elle place horizontalement :
- a. 10 baguettes ?
- b. 12 baguettes ?
- c. 20 baguettes ?
- d. 30 baguettes ?

9 Tim place 5 baguettes verticalement.
En plaçant d'autres baguettes horizontalement peut-il obtenir ces nombres de croisements ?
- a. 17 croisements ?
- b. 30 croisements ?
- c. 42 croisements ?
- d. 55 croisements ?
- e. 70 croisements ?
- f. 200 croisements ?
- g. 248 croisements ?
- h. 500 croisements ?

Si oui, combien doit-il placer de baguettes horizontalement ?

Multiplication : table de Pythagore

Exercices pour réviser les calculs avec la monnaie

A Chacun paie en donnant un billet de 100 euros au marchand. Combien le marchand rend-il ?

B Combien faut-il de billets de 50 euros pour obtenir 650 euros ?

Chercher Table de multiplication

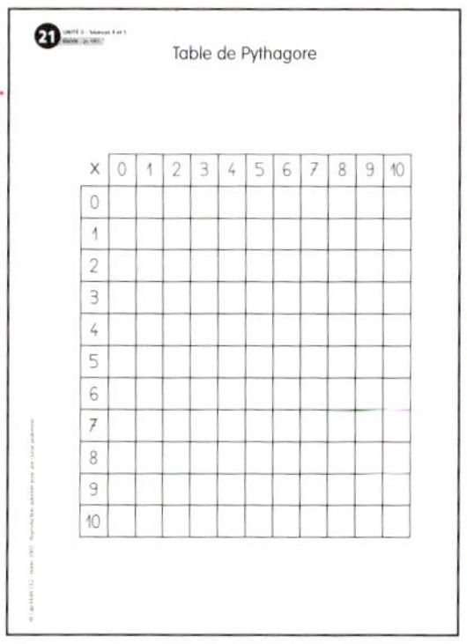

Travail sur fiche 21

1 Complète toutes les cases entourées dans la table que tu as reçue.

2 Complète toutes les cases grises.

3 12 17 20 26 35 42
50 56 60 64 74 81
Si c'est possible, écris ces nombres dans toutes les cases où ils peuvent être placés.

Exercices

4 Complète ces tables.

x	1	2	4	8
3				
4				
6				
8				

x	0	3	6	9
1				
6				
7				
9				

5 Quels nombres de cette liste font partie de la table de multiplication par 4 ?

12 14 20 27 30 32 35 36

6 12 est à la fois dans les tables de multiplication par 2 et par 3 car 2 x 6 = 12 et 3 x 8 = 24.
Trouve tous les autres nombres qui sont à la fois dans les tables de multiplication par 2 et par 3.
Explique tes réponses.

7 Trouve tous les nombres qui sont à la fois dans les tables de multiplication par 3 et par 4. Explique tes réponses.

8 Existe-t-il un nombre qui est à la fois dans les tables de multiplication par 4, par 6 et par 9 ? Explique ta réponse.

Centimètres et millimètres

Exercices pour réviser la comparaison des nombres

A Écris 0 0 1 1 4
à la bonne place pour que les nombres soient rangés du plus grand au plus petit.

2 • 7 > 2 • 1 > • 9 • > • 92

B Avec 0 4 4 5 6 9

a. Écris deux nombres de trois chiffres. Leur différence doit être la plus grande possible.

b. Écris deux autres nombres de trois chiffres. Leur différence doit être la plus petite possible.

Chercher Longueurs de lignes brisées

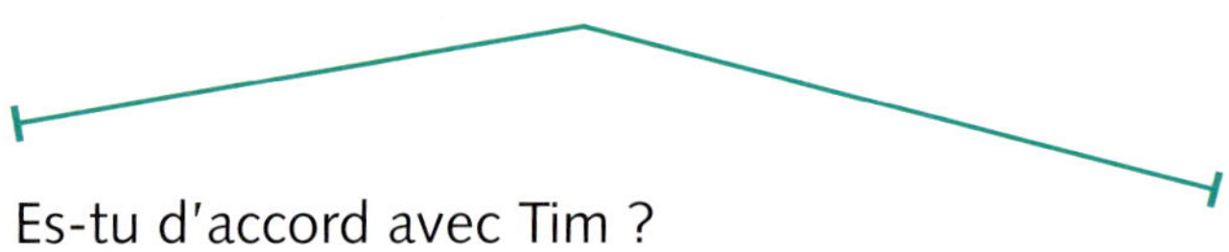

1 Es-tu d'accord avec Tim ?

2 Maïa dit que si elle met bout à bout un segment qui mesure 5 cm 4 mm et un segment qui mesure 3 cm 1 mm, elle obtient aussi une ligne qui mesure 8 cm 5 mm. Est-ce vrai ? Explique pourquoi.

3 Plume dit que s'il met bout à bout un segment qui mesure 4 cm 8 mm et un segment qui mesure 3 cm 7 mm, il obtient aussi une ligne qui mesure 8 cm 5 mm. Est-ce vrai ? Explique pourquoi.

4 Mesure les côtés de ce carré, puis écris son périmètre. →

Exercices

DICO-MATHS p. 28
Calculer un périmètre

5 Vrai ou faux ? Pour construire une ligne de 9 cm 4 mm, on peut placer bout à bout les segments suivants :

a. un segment de 4 cm 4 mm et un segment de 5 mm ?

b. un segment de 5 cm 1 mm et un segment de 3 cm 3 mm ?

c. un segment de 2 cm 8 mm et un segment de 6 cm 6 mm ?

d. un segment de 4 cm 7 mm et un segment de 5 cm 7 mm ?

6 Construis une ligne qui mesure 9 cm 4 mm, avec plusieurs segments mis bout à bout. Indique la longueur de chaque segment et explique pourquoi la ligne tracée mesure 9 cm 4 mm.

7, **8**, **9** et **10** **Cahier de géométrie-mesure page 16.**

Reproduction sur quadrillage

Exercices pour réviser les écritures littérales

A Écris en chiffres.

a. deux cent soixante-huit
b. cent quatre-vingt-dix
c. six cent six
d. quatre cent quatre-vingts
e. sept cent soixante-dix-sept
f. neuf cent quatre-vingt-dix-neuf

B Écris en lettres.

a. 92 b. 206 c. 780 d. 399 e. 873

C quatre dix vingt(s) cent(s)

Écris en lettres, puis en chiffres tous les nombres possibles avec :

a. deux de ces mots b. trois de ces mots c. tous les mots

Chercher Reproduire un polygone sur quadrillage

1 **Cahier de géométrie-mesure page 17.**
Reproduis le polygone en respectant la place du point.

Exercices

2 **Cahier de géométrie-mesure page 18.**
Reproduis le triangle, le trapèze et le carré.

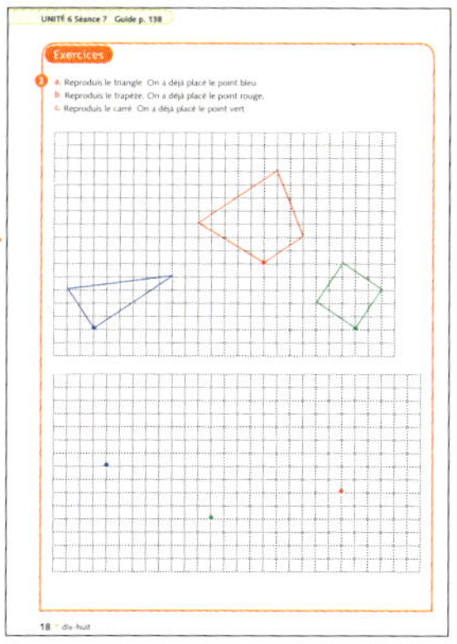

3 Reproduis ces polygones sur ta feuille quadrillée.

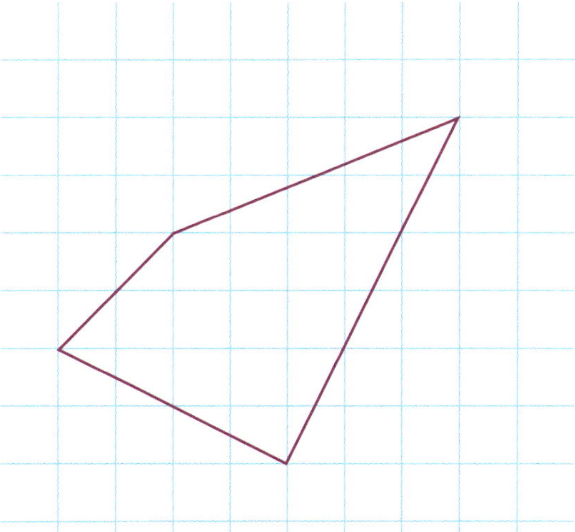

figure A

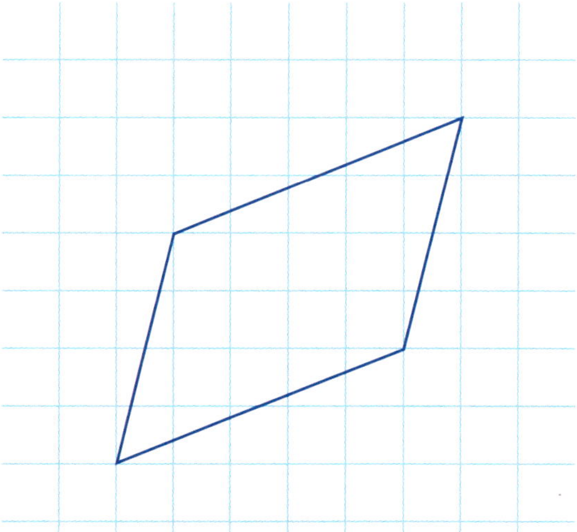

figure B

Je prépare le bilan

Guide p. 141	Préparation	Bilan
Multiplication	Extrait 1	Exercices 1
Multiplication : table de Pythagore	Extrait 2	Exercices 3
Angle droit	Extrait 3	Exercice 5
Reproduction sur quadrillage	Extrait 4	Exercice 6
Centimètres et millimètres	Extrait 5	Exercices 7

Lis ces extraits de problèmes que tu as eu à résoudre dans l'unité 6 et réponds à la question.
Tu pourras ensuite dire ce que tu as bien compris et ce qui reste difficile pour toi.

Extrait 1

Combien vois-tu de points ?

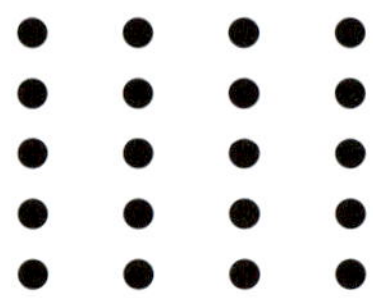

QUESTION

Quels calculs peux-tu écrire pour trouver le nombre de points ?

Extrait 2

Complète la table.

x	3	4	6	8
5				
6				
7				
9				

QUESTION

Comment peux-tu compléter facilement la table ?

Extrait 3

Continue cette ligne en ne traçant que des angles droits.

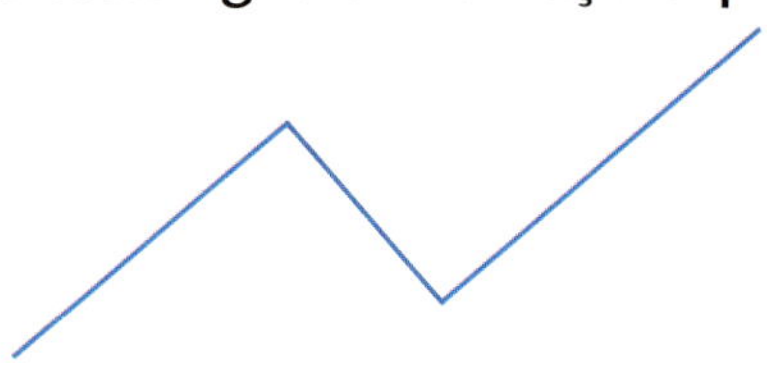

QUESTION

Comment dois-tu placer ton équerre pour tracer un angle droit ?

Extrait 4

Reproduis ce triangle.

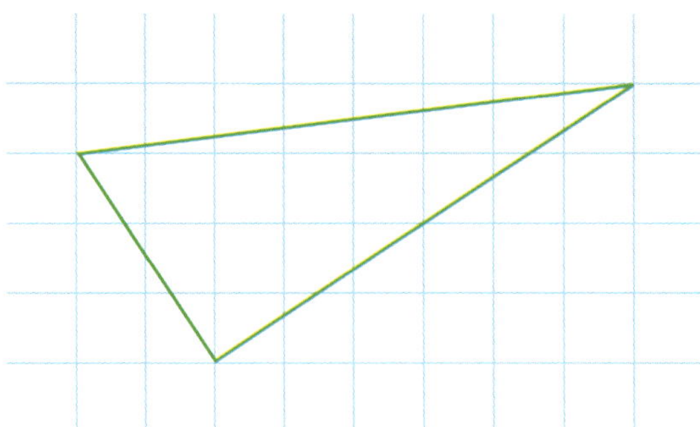

QUESTION

Comment faire pour reproduire ce triangle ?

Extrait 5

La ligne est formée de deux segments.
Mesure chacun des segments et écris la longueur de la ligne.

QUESTION

Comment fais-tu pour calculer la longueur de la ligne ?

Je fais le bilan

À la suite de cette évaluation, les élèves peuvent compléter leur bilan de compétences (→ matériel photocopiable)

1 Écris des calculs qui permettent de trouver le nombre de voitures sur ce parking.

....

2 Combien reste-t-il de morceaux dans cette grande plaque de chocolat ?

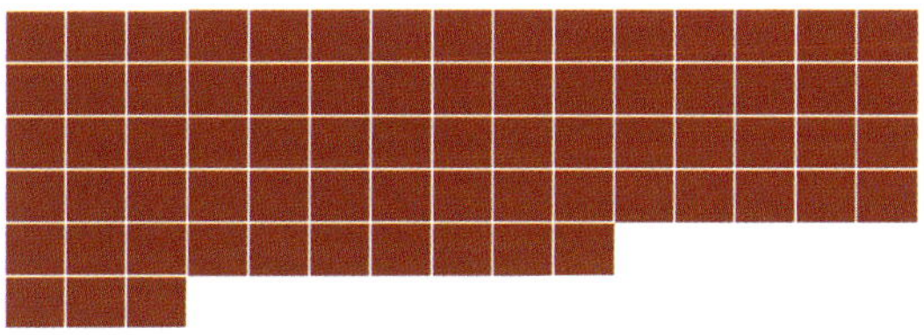

Aide
4 x 5 = 20 3 x 6 = 18 5 x 7 = 35

....

3 Complète.

x	3	6	7	9
4				
5				
6				
8				

....

4 Complète.

x		3		
4	8			40
		15		
6			30	
	18			

....

5 Trace un trait en travers d'une feuille blanche.
Ce trait est un côté d'un angle droit.
Termine la construction de l'angle droit.

....

6 Reproduis ce triangle sur ta feuille quadrillée.

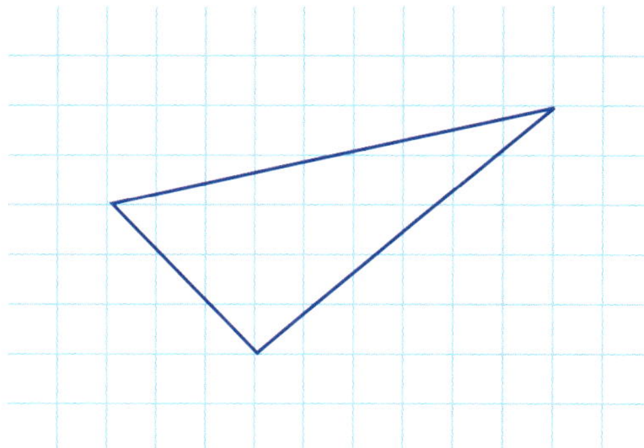

....

7 Mesure les lignes.

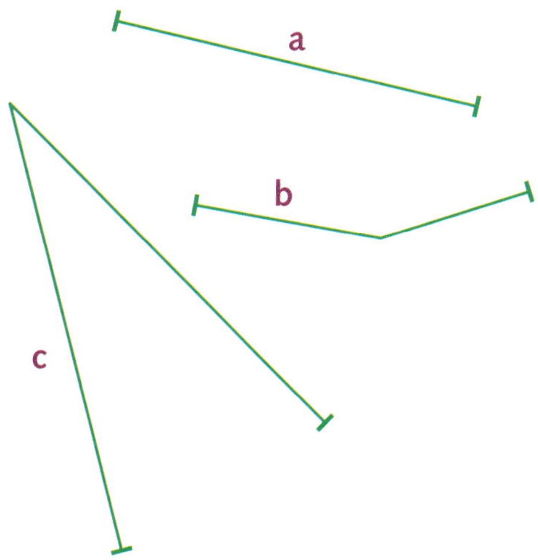

....

8 Une ligne est constituée de deux segments mis bout à bout.
Le premier segment mesure 4 cm 3 mm, le deuxième segment mesure 2 cm 9 mm.
Quelle est la longueur de la ligne ?

Exercices complémentaires

Nombres

1 **quatre** **vingt(s)** **cent(s)**

a. Avec ces mots, écris le plus possible de nombres.

b. Écris ces nombres en chiffres et range-les du plus petit au plus grand.

2 a. Écris tous les nombres qui remplissent ces trois conditions :
- ils sont situés entre 300 et 500,
- leur chiffre des unités est plus petit que leur chiffre des centaines,
- leur chiffre des dizaines et le double de leur chiffre des unités.

b. Range ces nombres du plus petit au plus grand.

Calcul

3 Complète ces morceaux de table de multiplication.

x	3	0	2
4			
1			
2			
5			

x	12		4
2			
			16
3		15	
		0	

x	8		
3		3	15
	40		
4			
7			

4 Calcule.

a. 475 + 36 + 248

b. 69 + 8 + 345 + 207

c. 75 + 65 + 95 + 365

5 Complète.

a. 465 + ... = 603

b. ... + 78 = 812

c. 548 + ... + 89 = 893

Problèmes

6 Dans un quadrillage, entoure tous les rectangles différents qui contiennent exactement 60 carreaux.

7 Dans un quadrillage, entoure tous les rectangles différents qui contiennent exactement 100 carreaux.

8 Pour chaque dessin, trouve le nombre de points blancs et le nombre total de points.

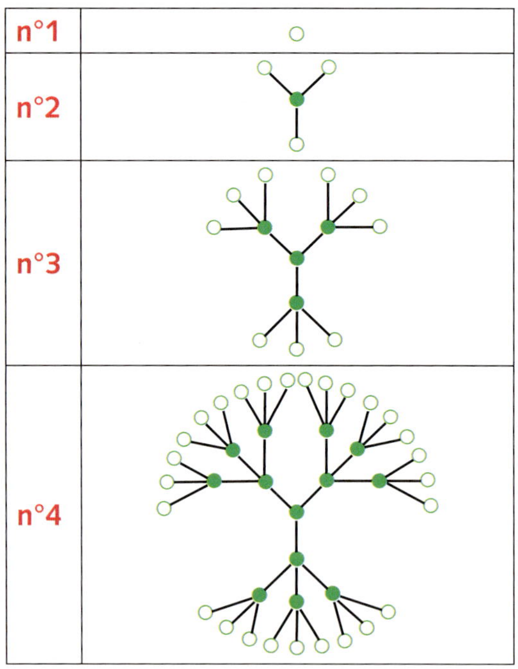

Combien y aura-t-il de points blancs sur le dessin n° 5 et sur le dessin n° 6 ?

9 Tim dit : « Si je gagne encore 15 billes, j'en aurai 100. »
Combien Tim a-t-il de billes ?

Géométrie

10 Combien chaque polygone a-t-il d'angles droits ?

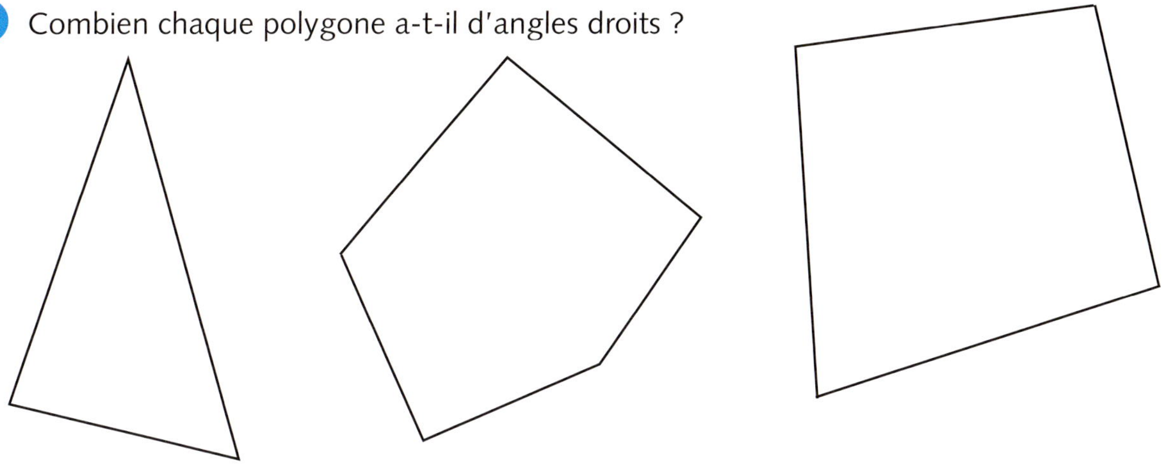

11 Pour chaque figure : dis si elle est un carré, dis si elle est un rectangle.

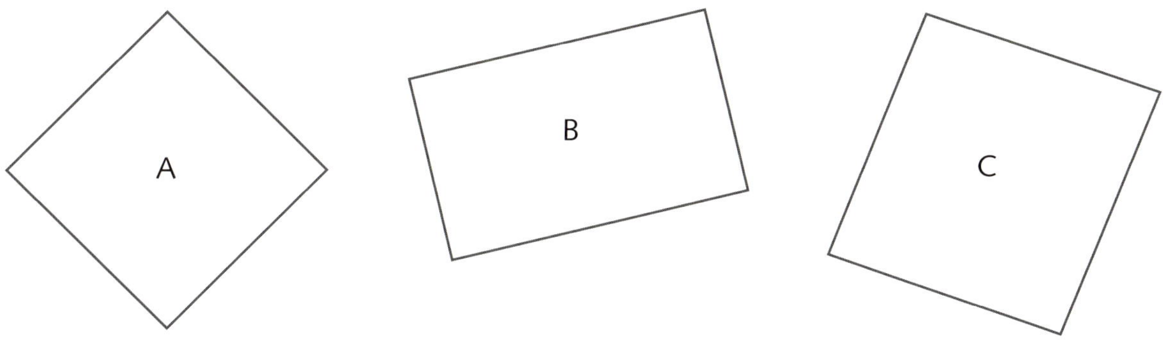

Mesure

12

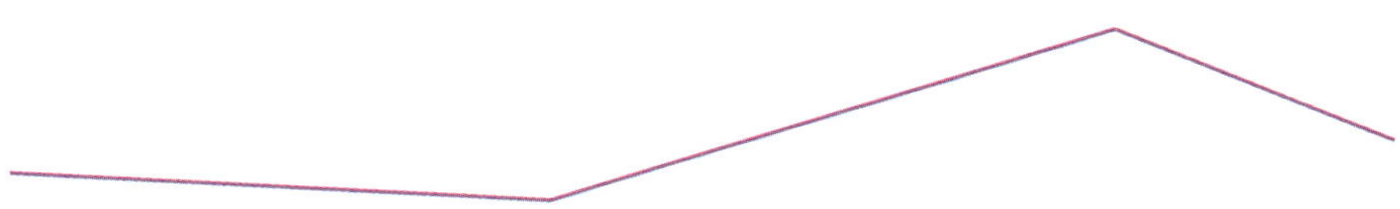

Mesure chaque segment. Écris sa longueur.
Écris la longueur totale de la ligne brisée en cm et mm.

13 Une ligne est constituée de deux segments.
Le premier mesure 2 cm 8 mm, le deuxième 2 cm 4 mm.
Écris la longueur de la ligne en cm et mm, puis uniquement en mm.
Construis la ligne et vérifie ta réponse.

14 Exprime en jours : 2 semaines ; 1 mois ; 2 mois et une semaine.

15 L'été dernier, Maïa est partie en vacances le 12 juillet
pour une durée de 1 mois et 7 jours.
Quel jour est-elle revenue ?

Place au mètre !

En 1793, une loi décréta l'utilisation générale en France d'une nouvelle unité de mesure : le mètre.

Des étalons furent fabriqués et déposés aux archives en 1799 pour servir de référence à tous.
L'adoption de cette nouvelle unité par tous les Français ne fut pas immédiate. Certains continuèrent à utiliser les anciennes unités. C'est en 1840 seulement que l'utilisation du mètre fut rendue absolument obligatoire.

Un marchand de tissu utilise le nouveau mètre.

→ *Depuis combien de temps, le mètre est-il obligatoirement utilisé en France pour mesurer les longueurs ?*

Les bottes de sept lieues

En 1697, Charles Perrault publie un recueil de contes, intitulé *Contes de ma mère l'Oye*, encore très connu aujourd'hui.

Dans l'un des contes, un ogre chausse des bottes de sept lieues pour rattraper le petit Poucet et ses frères qui se sont enfuis dans la forêt.
Voici un extrait du *Petit Poucet*.

« L'Ogre apparut. Chaussé de ses bottes de sept lieues, il enjambait les montagnes aussi aisément que les taupinières… Mais comme il courait à tort et à travers en rugissant de colère, il ne tarda pas à s'épuiser. Il s'assit, pour se reposer, tout près du rocher qui abritait les enfants, et s'endormit comme une masse.
Poucet ordonna à ses frères de l'attendre, se glissa jusqu'à l'Ogre, et s'empara des bottes enchantées qu'il chaussa immédiatement. »

À cette époque, la lieue était une unité de mesure qui représentait à peu près 3 400 mètres.

→ *Calcule quelle distance parcourait l'ogre à chaque pas avec ses bottes de sept lieues.*

Les anciennes unités de mesures

Les valeurs des unités utilisées avant la Révolution française variaient selon les régions.

Voici quelques-unes des unités les plus utilisées pour les mesures de longueur et notamment pour la construction des bâtiments dans la région parisienne.

L'arpenteur mesure le terrain avant la construction du bâtiment.

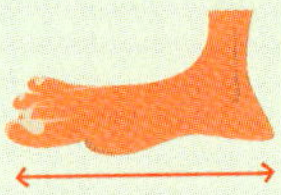
Le **pied**, comme son nom l'indique, correspondait à la longueur d'un pied d'un homme adulte.

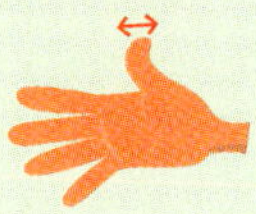
Le **pouce**, comme son nom l'indique aussi, correspondait à la largeur d'un pouce.

La **toise** valait 6 pieds.

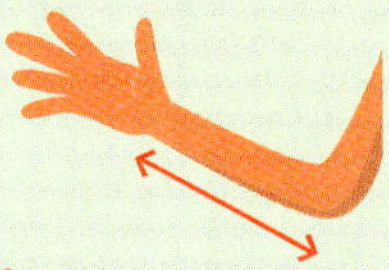
La **coudée** correspondait à la longueur d'un avant-bras.

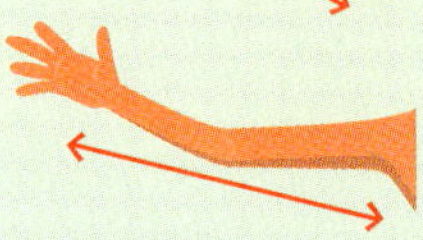
L'**aune** représentait la longueur d'un bras et servait à mesurer les tissus.

La **lieue** permettait de mesurer des distances assez grandes. Elle valait 2 000 toises à Paris, en 1700.

→ *Cherche dans un dictionnaire les mesures en centimètres de ces unités de longueur : 1 pied, 1 pouce, 1 aune, 1 coudée.*

→ *Calcule combien mesurait 1 toise en mètres et centimètres ?*

→ *Peux-tu dire maintenant pourquoi l'unité valant 6 pieds s'appelait une toise ?*

Des expressions et des mesures

Faire un pied de nez

Narguer en mettant les deux mains écartées et ouvertes au bout du nez

Vivre sur un grand pied

Vivre comme si on était riche

Ne pas céder un pouce

Résister

Le nombre mille

Problèmes

A Nora vient de recevoir 20 centimes.
Elle a maintenant 50 centimes.
Combien d'argent avait-elle avant ?

B Alex a 2 pièces de 20 centimes
et 4 pièces de 10 centimes.
Quelle somme d'argent possède-t-il ?

C Lise vient de dépenser 40 centimes.
Il lui reste 30 centimes.
Combien avait-elle avant ?

D Dans son porte-monnaie,
Camille a 1 pièce de 50 centimes,
2 pièces de 20 centimes et 3 pièces
de 10 centimes.

a. En utilisant deux de ses pièces,
quelles sommes d'argent différentes
Camille peut-elle dépenser ?

b. En utilisant trois de ses pièces,
quelles sommes d'argent différentes
Camille peut-elle dépenser ?

Chercher Mille

1 Écris mille en chiffres.

2 Écris en chiffres et en lettres le nombre qui vient juste avant mille.

3 Écris en chiffres et en lettres le nombre qui vient juste après mille.

4 Maïa dessine des colonnes de dix carrés.
Combien doit-elle dessiner de colonnes
pour obtenir mille carrés ?

5 Sur une grande feuille, trace
avec un camarade une ligne brisée de mille millimètres.

Exercices

6 Dans une école, lorsque tous
les enfants lèvent tous leurs doigts,
cela fait mille doigts levés.
Combien y a-t-il d'enfants dans l'école ?

7 Un siècle, c'est 100 ans.
Combien faut-il de siècles pour faire
un millénaire ?

8 Dans mille :

a. combien de fois y a-t-il 200 ?

b. combien de fois y a-t-il 50 ?

c. combien de fois y a-t-il 25 ?

9 Combien faut-il de boîtes pour
emballer mille chaussures ?

10 Trouve les calculs qui ont pour résultat
le nombre mille.
Avec les lettres de ces cases, écris
un mot que tu connais.

A 50 x 4	C 100 x 6	M 500 x 2	L 4 x 250
T 250 x 2	E 100 x 10	V 300 x 3	I 5 x 200
B 25 x 20	E 200 x 4	N 10 x 10	P 100 x 0
O 20 x 30	F 25 x 4	L 25 x 40	R 40 x 20

Nombres supérieurs à 1 000

Exercices pour réviser la multiplication

A Complète. Trouve le plus de réponses possibles.

a. … x … = 12 b. … x … = 23 c. … x … = 16 d. … x … = 36

Chercher Au-delà de 1 000

1 Fais une première partie du jeu avec 2 ou 3 de tes camarades.
Vous pourrez ensuite faire d'autres parties.

Le plus grand total

3 ou 4 joueurs

Matériel

- 1 paquet de 15 cartes de 1 point
- 1 paquet de 15 cartes de 10 points
- 1 paquet de 15 cartes de 100 points
- 1 paquet de 15 cartes de 1 000 points
- 1 paquet de 15 cartes de 10 000 points
- un dé
- une feuille de jeu par joueur

Jouer

Une partie se joue en 4 tours.
À tour de rôle, les joueurs lancent le dé et prennent dans un paquet autant de cartes qu'il y a de points sur le dé.
Attention, il faut prendre les cartes dans le même paquet.
Le joueur conserve les cartes et complète sa feuille de jeu.

Le gagnant est celui qui a le plus grand total de points.

Exercices

DICO-MATHS p. 4
Décomposer un nombre

2 Voici les feuilles de jeu de Tim et Maïa.
Combien chacun a-t-il marqué de points ? Qui a gagné la partie ?

Tim	dé	carte
1er tour	2	1 000
2e tour	4	10
3e tour	1	10 000
4e tour	6	1

Maïa	dé	carte
1er tour	3	100
2e tour	6	1 000
3e tour	5	1
4e tour	6	10

3 Anaïs a marqué 54 023 points.
Combien de cartes de chaque sorte a-t-elle gagnées ?

4 Léo a déjà 40 047 points.
Quelles cartes doit-il gagner pour avoir 43 047 points ?

Nombres supérieurs à 1 000

Exercices pour réviser les longueurs en centimètres et millimètres

A Trouve chaque fois la longueur de la ligne obtenue en mettant bout à bout plusieurs segments.

a. Le premier segment mesure 7 cm 4 mm et le deuxième 3 cm 5 mm.
b. Le premier segment mesure 5 cm 8 mm et le deuxième 9 cm 6 mm.
c. Le premier segment mesure 12 cm 2 mm, le deuxième 5 cm 9 mm et le troisième 3 cm 7 mm.
d. Le premier segment mesure 33 cm 5 mm et le deuxième 4 cm 5 mm.
e. Le premier segment mesure 35 cm 4 mm et le deuxième 50 cm 6 mm.

B Complète.

a. 53 mm = 5 … 3 …
b. 10 cm = … mm
c. 8 cm 2 mm = … mm
d. 12 cm 8 mm = … mm
e. 100 mm = … cm
f. 123 mm = … cm … mm

Chercher Au-delà de 1 000

1 trois | quatre | vingt(s) | trente | quarante | cent(s) | mille | –

Avec ces mots, réalise chacun de ces nombres.
Écris-les en chiffres et en lettres :

a. 423
b. 3 080
c. 34 100
d. 1 334
e. 324 000
f. quatre dizaines de mille et trois centaines
g. trois dizaines de mille, quatre mille et deux dizaines
h. (4 x 1 000) + (3 x 100) + (2 x 10)
i. (3 x 100 000) + (2 x 10 000) + 4
j. (8 x 10 000) + (3 x 100) + (3 x 10)

2 Écris les 20 nombres qui suivent ceux-ci :

2 095 | 2 096 | 2 097 | …

3 Écris les 20 nombres qui sont avant ceux-ci :

… | 6 905 | 6 906 | 6 907

Exercices

DICO-MATHS p. 2
Lire et écrire les nombres

4 Écris en chiffres :

a. mille deux cent trente-cinq
b. six mille
c. mille six cents
d. cinq mille soixante-dix
e. soixante-dix mille
f. cent mille sept cents

5 Écris en lettres :

a. 13 000
b. 6 060
c. 1 435
d. 20 002

6 Avec 0 7 5 4 9 écris :

a. le plus petit nombre possible
b. le plus grand nombre possible

Multiplication par 10

Exercices pour réviser la comparaison des nombres

A Complète avec **<** et **>**.
a. 3 452 … 987
b. 7 008 … 8 007
c. 15 201 … 100 001
d. 45 308 … 45 287

B Écris du plus petit au plus grand :
100 032 ; 4 568 ; 17 520 ; 12 000 ;
71 250 ; 13 205.

C Quels sont les nombres situés entre 14 500 et 65 000 ?
a. 48 065
b. 120 000
c. 12 000
d. 1 600
e. 16 045
f. 23 268

D Avec 3 5 7 8 9
écris cinq nombres plus petits que 80 000 et plus grands que 76 000.

Chercher Problèmes

1 Le confiseur indique chaque jour dans un tableau combien il a vendu de bonbons à la menthe.
Complète le tableau.

	lundi	mardi	mercredi	jeudi	vendredi	samedi	dimanche
Nombre de boîtes vendues	6	10	12	19	20	30	11
Nombre de bonbons vendus	…	…	…	…	…	…	…

Exercices

2 Le confiseur a noté combien de boîtes de bonbons à la menthe il a vendues une autre semaine. Complète le tableau.

	lundi	mardi	mercredi	jeudi	vendredi	samedi	dimanche
Nombre de boîtes vendues	10	40	41	75	76	80	85
Nombre de bonbons vendus	…	…	…	…	…	…	…

3 Combien de bonbons à la menthe y a-t-il dans :
a. 21 boîtes ?
b. 32 boîtes ?
c. 29 boîtes ?
d. 100 boîtes ?

4 Léa veut 150 bonbons à la menthe. Combien doit-elle acheter de boîtes de 10 bonbons ?

5 Aïcha veut 860 bonbons à la menthe. Combien doit-elle acheter de boîtes de 10 bonbons ?

6 Un confiseur a préparé 2 380 bonbons à la menthe.
Il les met dans des boîtes de 10 bonbons.
Combien peut-il remplir de boîtes ?

7 Un confiseur a préparé 7 705 bonbons à la menthe.
Il les met dans des boîtes de 10 bonbons.
Combien peut-il remplir de boîtes ?

Calcul réfléchi de produits

Problèmes

A Chloé distribue les 28 cartes d'un jeu à 4 joueurs.
Combien chacun recevra-t-il de cartes ?

B Jamel a donné ses images à ses 8 amis. Chacun a reçu 11 images.
Combien Jamel avait-il d'images ?

C Sophia a 75 beaux timbres.
Elle décide d'en donner le plus possible à ses 8 meilleures amies.
Chacune doit avoir le même nombre de timbres.
Combien peut-elle en donner à chacune ?

Chercher Problèmes

1 Le confiseur indique chaque jour dans un tableau combien il a vendu de bonbons à la fraise.
Complète le tableau.

	lundi	mardi	mercredi	jeudi	vendredi	samedi	dimanche
Nombre de boîtes vendues	8	10	12	13	20	30	32
Nombre de bonbons vendus	...	...	...	...	...	...	...

Exercices

2 Le confiseur a noté combien de boîtes de bonbons à la fraise il a vendues une autre semaine. Complète le tableau.

	lundi	mardi	mercredi	jeudi	vendredi	samedi	dimanche
Nombre de boîtes vendues	10	11	40	43	42	100	102
Nombre de bonbons vendus	...	...	...	...	...	...	...

3 Combien de bonbons à la fraise y a-t-il dans :

a. 21 boîtes ?
b. 34 boîtes ?
c. 29 boîtes ?
d. 100 boîtes ?

4 Hier, le confiseur a vendu 13 boîtes de 10 bonbons à la menthe et 45 boîtes de 6 bonbons à la fraise.
Combien de bonbons a-t-il vendus au total ?

5 Tom veut 246 bonbons à la fraise.
Combien doit-il acheter de boîtes de 6 bonbons ?

6 Aïcha veut 624 bonbons à la fraise.
Combien doit-elle acheter de boîtes de 6 bonbons ?

7 Le confiseur a fabriqué 340 bonbons à la fraise.
Il les met dans des boîtes de 6 bonbons.
Combien peut-il remplir de boîtes ?

Lecture de l'heure

Exercices pour réviser l'addition

A Complète.

a. … + 266 = 662 b. 450 = … + 325 c. 506 = 168 + …

B Retrouve les renseignements qui manquent sur cette facture.

Article	Quantité	Prix à l'unité	Prix à payer
DVD	3	18 €	…
Lecteur de DVD	1	…	…
		Total	**222 €**

Chercher Heures et minutes

1, **2** et **3** **Cahier de géométrie-mesure pages 19, 20.**
Tu vas chercher le nombre de graduations que comporte le cadran d'une horloge.

Exercices

DICO-MATHS p. 31
Lire l'heure

4 Écris l'heure affichée.

a. 

e. 

b. 

f. 

c. 

g. 

d. 

h. 

5 La grande aiguille de ces horloges est cassée.
Quelle heure peut-il être :

a. 
midi
ou
6 heures ?

b. 
5 heures
ou
5 heures et demie ?

c. 
8 heures et quart
ou
8 heures et demie ?

d. 
9 heures 30 minutes
ou
8 heures 30 minutes ?

Je prépare le bilan

Guide p. 164	Préparation	Bilan
Nombres supérieurs à 1 000	Extrait 1	Exercices 1 2
Calcul réfléchi de produits	Extrait 2	Exercices 5 6
Alignement	Extrait 3	Exercice 7
Lecture de l'heure	Extrait 4	Exercice 8

Lis ces extraits de problèmes que tu as eu à résoudre dans l'unité 7 et réponds à la question.
Tu pourras ensuite dire ce que tu as bien compris et ce qui reste difficile pour toi.

Extrait 1

Combien Tim a-t-il marqué de points ?

Tim	dé	carte
1er tour	2	1 000
2e tour	4	10
3e tour	1	10 000
4e tour	6	1

QUESTION

Comment peux-tu écrire facilement la réponse ?

Extrait 2

Complète le tableau du confiseur.

	lundi	mardi	mercredi
Nombre de boîtes vendues	10	11	40
Nombre de bonbons vendus	60	...	...

QUESTIONS

Comment fais-tu pour trouver rapidement la réponse pour 11 boîtes ? Et pour 40 boîtes ?

Extrait 3

Place un point qui est aligné avec les points A et B. Appelle-le M.

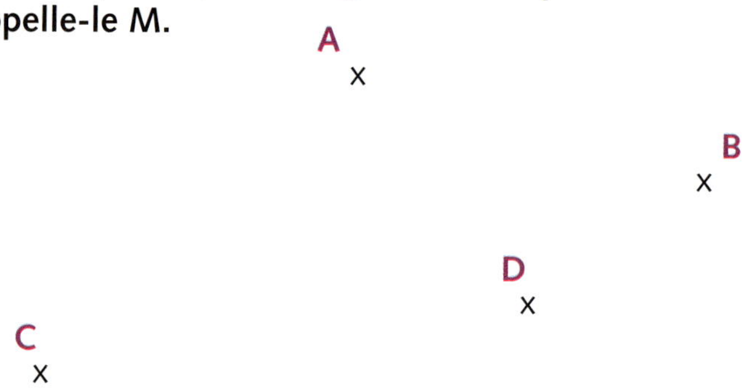

QUESTION

Comment fais-tu pour placer un point aligné avec deux autres ?

Extrait 4

Écris l'heure affichée.

QUESTIONS

Comment fais-tu pour lire l'heure sur l'horloge ? Que marque la petite aiguille ? Que marque la grande aiguille ?

Je fais le bilan

À la suite de cette évaluation, les élèves peuvent compléter leur bilan de compétences (→ matériel photocopiable)

1 Quel est ce nombre ?

1 308

a. treize mille huit
b. cent trente-huit
c. mille trois cent huit
d. cent trente mille huit

2 Quel est ce nombre ?

dix-sept mille huit cent quatre

a. 1 784
b. 17 804
c. 170 804
d. 178 004

3 Quelles étiquettes correspondent au nombre 306 089 ?

a. trente mille six cent quatre-vingt-neuf
b. 306 + 89
c. (3 x 100) + 6 + (8 x 10) + 9
d. (3 x 100 000) + (6 x 1 000) + 80 + 9
e. (306 x 100) + 89
f. trois cent six mille quatre-vingt-neuf

4 Écris ces nombres du plus grand au plus petit :
41 000 ; 30 002 ; 4 207 ; 102 003 ; 30 200

5 Les œufs sont vendus par boîtes de 6.
Combien y a-t-il d'œufs dans :

a. 5 boîtes ?
b. 10 boîtes ?
c. 12 boîtes ?
d. 20 boîtes ?
e. 21 boîtes ?
f. 22 boîtes ?

6 Les crayons de couleur sont vendus par boîtes de 12.
Combien y a-t-il de crayons dans :

a. 4 boîtes ?
b. 8 boîtes ?
c. 9 boîtes ?
d. 10 boîtes ?
e. 30 boîtes ?
f. 31 boîtes ?

7 **Travail sur fiche bilan.**

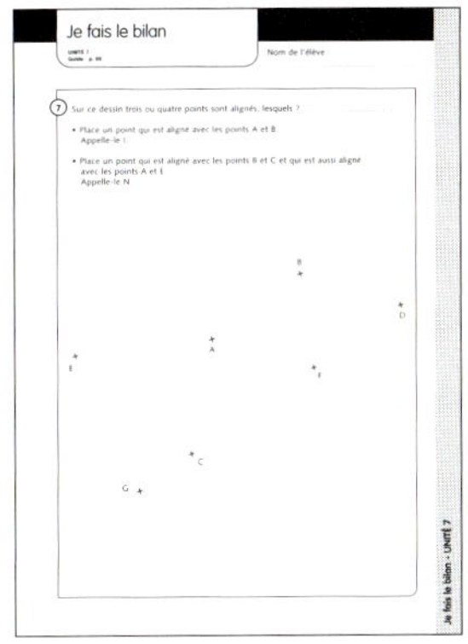

a. Sur ce dessin, trois ou quatre points sont alignés, lesquels ?
b. Place un point qui est aligné avec les points A et B. Appelle-le I.
c. Place un point qui est aligné avec les points B et C et qui est aussi aligné avec les points A et E. Appelle-le N.

8 Écris l'heure affichée.

a. 

c. 

b. 

d. 

UNITÉ 8

Augmentation, diminution

SÉANCE 1 **Guide p. 168**
Calcul mental :
Calculs sur la monnaie

Problèmes pour réviser les calculs sur la monnaie

A Tu dois utiliser seulement des pièces de 2 €, des billets de 5 € et de 10 €.
Écris trois façons différentes d'obtenir :

a. 30 € **b.** 46 € **c.** 100 € **d.** 57 €

Chercher Problèmes

1 Depuis le début de l'année, les plantes de Maïa ont grandi.
Son orchidée a grandi de 8 cm.
Elle mesure maintenant 23 cm.
Son cactus a grandi de 25 cm.
Il mesure maintenant 136 cm.
Son bananier a grandi de 48 cm.
Il mesure maintenant 165 cm.
Combien mesurait chacune des plantes en début d'année ?

2 Au printemps, le jardinier taille sa haie. Il coupe 45 cm de haie.
Maintenant la haie ne mesure plus que 85 cm de haut.
Quelle était la hauteur de la haie avant d'être taillée ?

Exercices

3 Le prix du litre d'essence a augmenté ce matin de 15 centimes.
Il est maintenant affiché à 1 € 30 c.
Quel était le prix du litre d'essence avant l'augmentation ?

4 Le prix d'une voiture a augmenté de 200 euros.
Elle coûte maintenant 8 945 euros.
Quel était son prix avant ?

5 Sophie a déjà parcouru 18 km en vélo.
Elle se dit : « Ouf ! Il ne me reste plus que 4 km à parcourir avant d'arriver. »
Combien de kilomètres Sophie aura-t-elle parcourus au cours de sa balade en vélo ?

6 Simon vient de parcourir 325 km en voiture.
Le compteur affiche maintenant 2 480 km.
Qu'affichait le compteur avant le départ de la voiture ?

7 Camille vient de lancer ses fléchettes sur ces emplacements.
Elle s'écrie : « Zut ! J'ai marqué 35 points de moins que la dernière fois. »
Combien de points avait-elle marqués la dernière fois ?

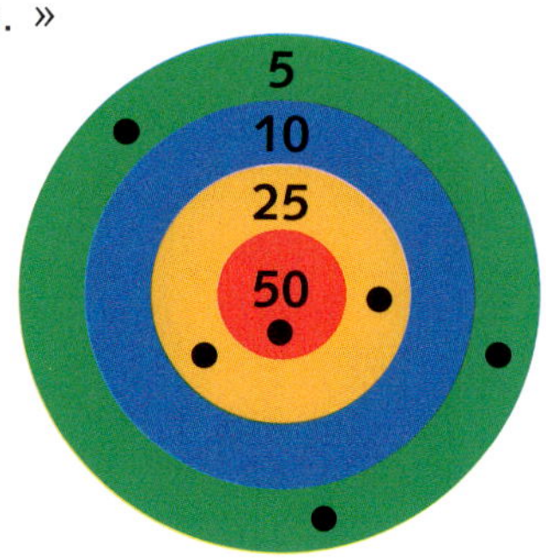

Calcul réfléchi de produits

Exercices pour réviser le tracé d'un rectangle, d'un carré

A et **B** **Cahier de géométrie-mesure page 23.**

Chercher Calcul de produits

1 Calcule avec la méthode de ton choix :
a. 18 x 10
b. 18 x 5
c. 18 x 30

2 Utilise les résultats que tu as obtenus pour calculer :
a. 5 x 18 b. 18 x 12 c. 18 x 31 d. 18 x 40 e. 42 x 18

Exercices

3 Calcule :
a. 15 x 1
b. 15 x 2
c. 15 x 4
d. 15 x 8
e. 15 x 16
f. 15 x 32

4 Calcule :
a. 15 x 10
b. 15 x 11
c. 15 x 12
d. 15 x 13
e. 15 x 14
f. 15 x 15

5 Calcule :
a. 21 x 2
b. 3 x 21
c. 5 x 21
d. 8 x 21
e. 21 x 9
f. 10 x 21

6 Calcule :
a. 25 x 4
b. 25 x 10
c. 25 x 11
d. 25 x 12
e. 25 x 20
f. 25 x 30

7
45 x 3 = 135
7 x 45 = 315

Utilise ces résultats pour calculer :
a. 3 x 45
b. 5 x 45
c. 45 x 8
d. 14 x 45

8 Calcule :
a. 12 x 2
b. 12 x 20
c. 12 x 21
d. 12 x 22

9 Recopie et complète ce tableau en calculant tous les produits.

35 x 10	35 x 11	35 x 12	35 x 14
35 x 20	35 x 21	35 x 22	35 x 24
35 x 40	35 x 42	35 x 44	35 x 48

10 Utilise les résultats de l'ardoise pour calculer le plus possible de nouveaux produits.

85 x 3 = 255
85 x 10 = 850

11 En utilisant les résultats de l'ardoise, fabrique le plus possible de produits que tu peux calculer.

125 x 5 = 625
125 x 14 = 1 750

Vers la multiplication posée

Exercices pour réviser la lecture de l'heure

A et **B** **Cahier de géométrie-mesure page 24.**

Chercher Multiplication par un nombre à un chiffre

1 Calcule ces trois produits avec la méthode de ton choix.
Tu ne peux pas utiliser la calculatrice.

a. 53 x 9 b. 275 x 4 c. 430 x 5

Exercices

DICO-MATHS p. 15
Multiplier par un nombre à un chiffre

2 Calcule.

a. 52 x 3 = …
b. 238 x 4 = …
c. 186 x 5 = …
d. 234 x 9 = …
e. 3 x 24 = …
f. 408 x 5 = …
g. 9 x 108 = …
h. 460 x 5 = …

3 Pour la fête de l'école, Tim, Anaïs et Maïa apportent des paquets de bonbons.
Dans chaque paquet de Tim, il y a 53 nougats.
Dans chaque paquet d'Anaïs, il y a 276 sucettes.
Dans chaque paquet de Maïa, il y a 430 caramels.

a. Tim apporte 6 paquets de nougats. Combien a-t-il apporté de nougats ?
b. Anaïs apporte 5 paquets de sucettes. Combien a-t-elle apporté de sucettes ?
c. Maïa apporte 5 paquets de caramels. Combien a-t-elle apporté de caramels ?

4 Dans un grand jardin, il y a 243 fraisiers. Sur chaque fraisier, il y a 4 belles fraises. Combien y a-t-il de fraises dans ce jardin ?

5 Chaque côté de ces deux champs mesure 26 m.

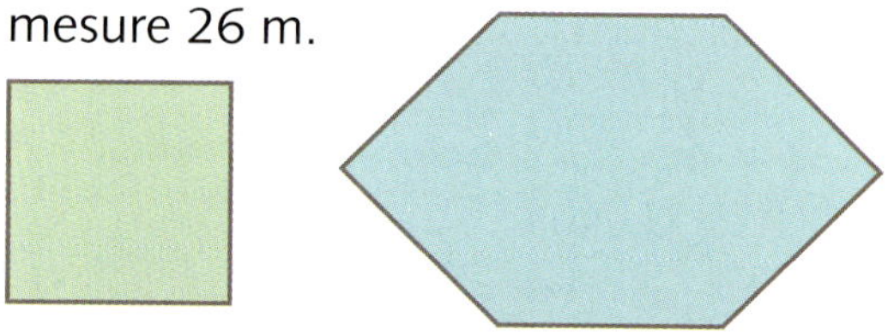

Quelle longueur de fil de fer faut-il pour entourer complètement chacun de ces champs :

a. avec une seule rangée de fil de fer ?
b. avec 4 rangées de fil de fer ?

6 46 x 5 65 x 2

a. Sans calculer, trouve le produit qui donnera le plus grand résultat.
b. Calcule pour vérifier.

7 126 x 5 508 x 2 261 x 4 85 x 9

a. Sans calculer, trouve le produit qui donnera le plus grand résultat et celui qui donnera le plus petit résultat.
b. Calcule pour vérifier.

8 42 x 28 88 x 24 48 x 22

a. Quel produit donne le plus grand résultat ?
b. Quel produit donne le plus petit résultat ?

Nombre de parts

Problèmes

A Ce matin, le compteur kilométrique de la voiture affichait 358.
Il affiche maintenant 385.
Combien de fois chaque roue du compteur a-t-elle tourné ?

B Ce matin, le compteur kilométrique de la voiture affichait 526.
Il affiche maintenant 605.
Combien de fois chaque roue du compteur a-t-elle tourné ?

C Ce matin le compteur kilométrique de la voiture affichait 39 985.
Il affiche maintenant 40 080.
Combien de fois chaque roue du compteur a-t-elle tourné ?

Chercher Combien de paquets ?

1

Combien y a-t-il de feuilles ?

2 Tim a 265 feuilles. En utilisant toutes ses feuilles, combien de paquets de 53 feuilles peut-il préparer ?

3 Maïa a 3 440 feuilles. En utilisant toutes ses feuilles, combien de paquets de 430 feuilles peut-elle préparer ?

Exercices

4 Tu disposes de 216 feuilles.
Combien de paquets de 36 feuilles peux-tu préparer ?
Tu dois utiliser toutes les feuilles.

5 Tu disposes de 2 760 feuilles.
Combien de paquets de 276 feuilles peux-tu préparer ?
Tu dois utiliser toutes les feuilles.

6 Jules a 846 feuilles. Il doit préparer des paquets de 47 feuilles. Il a déjà préparé 8 paquets.
Combien peut-il encore en préparer ?

7 680 arbres viennent d'être plantés dans la forêt. Ils sont plantés par rangées de 85 arbres.
Il y a 3 rangées de sapins et les autres rangées sont des rangées de pins.
Combien y a-t-il de rangées de pins dans cette forêt ?

Droites perpendiculaires

SÉANCE 5 Guide p. 178 Pas d'activités dans le r
SÉANCE 6 Guide p. 181
Calcul mental :
Calculs du type 18 + 7, 32 – 5

Exercices pour réviser le calcul de produits

A Calcule.

a. 56 x 8 = …
b. 213 x 4 = …
c. 508 x 9 = …
d. 470 x 3 = …

B Complète, sans poser d'opérations.

a. 45 x 10 = …
b. 23 x 100 = …
c. 21 x 1 = …
d. 35 x 2 = …
e. 20 x 5 = …
f. 120 x 3 = …
g. 300 x 2 = …
h. 25 x 4 = …

C Complète.

a. 4 x … = 40
b. 100 x … = 1 300
c. 30 x … = 60
d. … x 4 = 80
e. 10 x … = 100
f. … x 10 = 500

Chercher Droites perpendiculaires

Travail sur fiche 27.

1 Trace à main levée une droite qui est perpendiculaire à la droite dessinée. Elle doit passer par le point marqué sur la droite.

2 Trace en utilisant tes instruments de géométrie une droite qui est perpendiculaire à la droite dessinée. Elle doit passer par le point marqué sur la droite.

Exercices

DICO-MATHS p. 20
Droites perpendiculaires

3 a. À vue d'œil, trouve les figures formées de droites qui te semblent perpendiculaires.
b. Utilise maintenant ton équerre pour trouver les figures formées de deux droites perpendiculaires. Écris leur nom.

Figure A

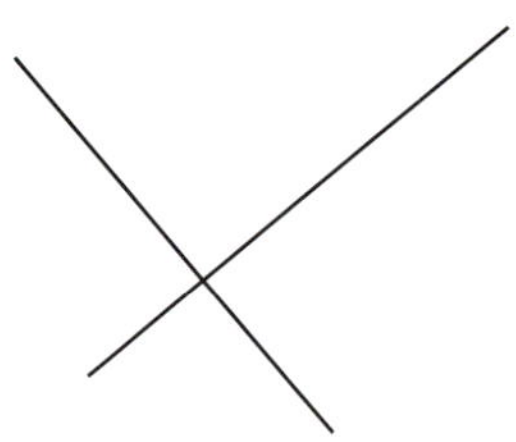
Figure B

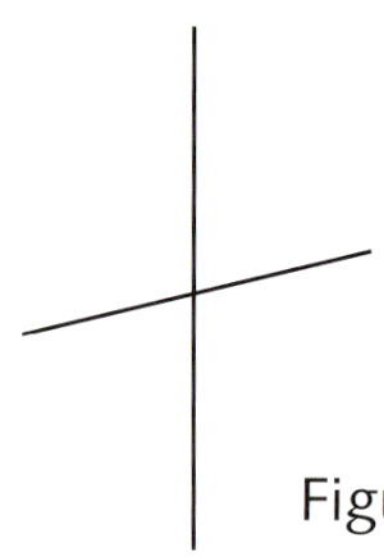
Figure C

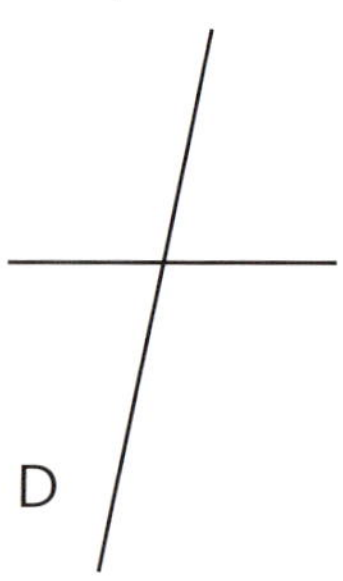
Figure D

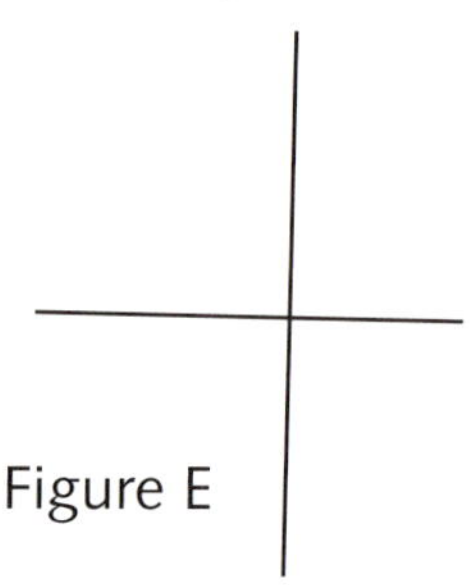
Figure E

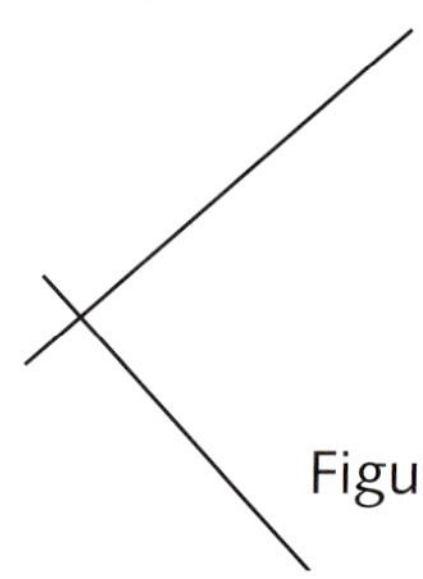
Figure F

4 et **5** **Cahier de géométrie-mesure page 25.**

Durées en jours et heures

Exercices pour réviser le calcul de compléments

A Pour obtenir une ligne de 235 cm de long, tu dois prolonger un trait déjà dessiné.
De quelle longueur dois-tu prolonger le trait s'il mesure :

a. 200 cm ?
b. 135 cm ?
c. 12 cm ?
d. 5 cm ?
e. 195 cm ?
f. 30 cm ?

B Tu dois atteindre le nombre 250. De combien dois-tu avancer si tu pars :

a. de 248 ?
b. de 50 ?
c. de 120 ?
d. de 206 ?
e. de 25 ?
f. de 195 ?

Chercher Durées et prix

DICO-MATHS p. 32
Calculer des durées

1 Lola a laissé sa voiture au parking P1 pendant 1 jour.
Anaïs a laissé sa voiture au parking P2 pendant 1 jour.
Combien chacune a-t-elle payé ?

2 Max a garé sa voiture au parking P1 le lundi à 8 heures du matin.
Il l'a reprise le mardi à 8 heures du matin. Combien a-t-il payé ?
Combien aurait-il payé au parking P2 ?

3 Louise a garé sa voiture au parking P1 le lundi à 8 heures du matin.
Elle l'a reprise le mardi à 11 heures du matin. Combien a-t-elle payé ?
Combien aurait-elle payé si elle l'avait laissée au parking P2 ?

Exercices

4 Eliss doit garer sa camionnette du mercredi 9 heures du matin au vendredi 10 heures du matin dans un des parkings de l'aéroport.
Combien payera-t-il s'il la laisse :

a. au parking P1 ?
b. au parking P2 ?

5 Benjamin doit garer sa moto du samedi 9 heures du matin au dimanche 7 heures du matin dans un des parkings de l'aéroport.
Combien payera-t-il s'il la laisse :

a. au parking P1 ?
b. au parking P2 ?

Je prépare le bilan

Guide p. 187	Préparation	Bilan
Avant augmentation ou diminution	Extrait 1	Exercices 1
Vers la multiplication posée	Extrait 2	Exercice 3
Droites perpendiculaires	Extrait 3	Exercices 4
Durées en jours et heures	Extrait 4	Exercices 6

Lis ces extraits de problèmes que tu as eu à résoudre dans l'unité 8 et réponds à la question.
Tu pourras ensuite dire ce que tu as bien compris et ce qui reste difficile pour toi.

Extrait 1

Au printemps, le jardinier taille sa haie.
Il coupe 45 cm de haie.
Maintenant la haie ne mesure plus que 85 cm de haut.
Quelle était la hauteur de la haie avant d'être taillée ?

QUESTION

Quels calculs peux-tu faire pour répondre à cette question ?

Extrait 2

Calcule ce produit avec la méthode de ton choix.
Tu ne peux pas utiliser la calculatrice.

275 x 4

QUESTION

Comment calcule-t-on une multiplication posée ?

Extrait 3

Les droites sont-elles perpendiculaires ?

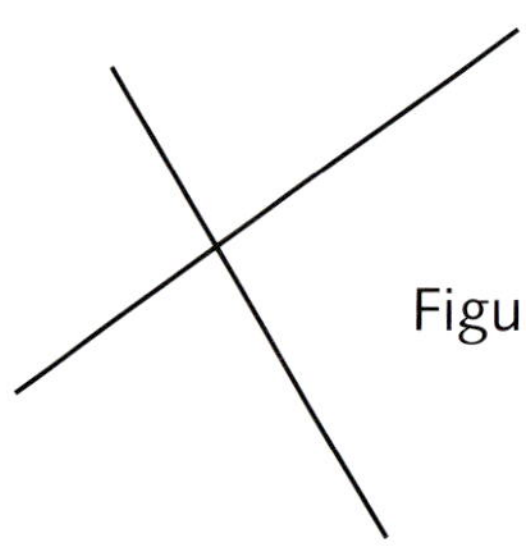

Figure A

QUESTIONS

Comment faire pour savoir si deux droites sont perpendiculaires ?

Comment faire pour tracer une droite perpendiculaire à une autre droite et qui passe par un point marqué sur cette droite ?

Extrait 4

Tim a garé sa voiture au parking P1 le lundi à 8 heures du matin, il l'a reprise le mardi à 8 heures du matin.
Combien de temps sa voiture est-elle restée au parking P1 ?

QUESTION

Comment calculer une durée en jours et en heures ?

Je fais le bilan

À la suite de cette évaluation, les élèves peuvent compléter leur bilan de compétences (→ matériel photocopiable)

1 Sur un parking, 45 voitures viennent d'arriver. Aucune n'est sortie. Il y a maintenant 487 voitures sur le parking. Combien y avait-il de voitures sur le parking avant l'arrivée de ces 45 voitures ?

2 Zoé avait beaucoup d'images d'animaux. Elle en a donné 46 à Arthur. Il lui en reste 98.
Combien Zoé avait-elle d'images avant d'en donner à Arthur ?

3 Calcule :

a. 45 x 4
b. 84 x 8
c. 245 x 9
d. 350 x 2
e. 256 x 8
f. 250 x 4

4 Écris le nom de la figure (ou des figures) formée(s) de deux droites perpendiculaires.

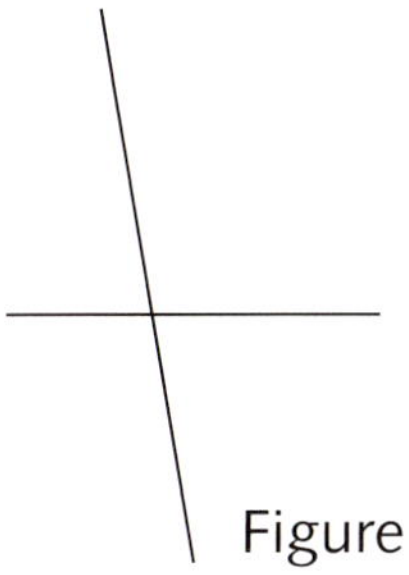
Figure A

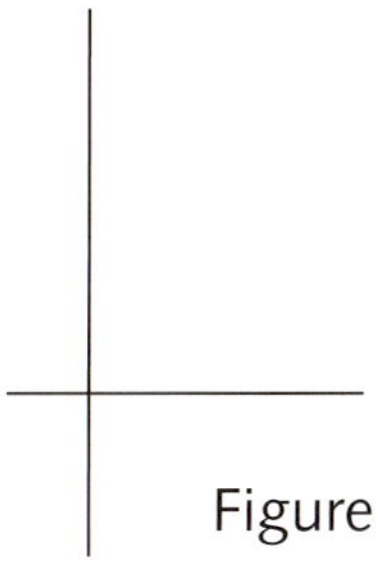
Figure B

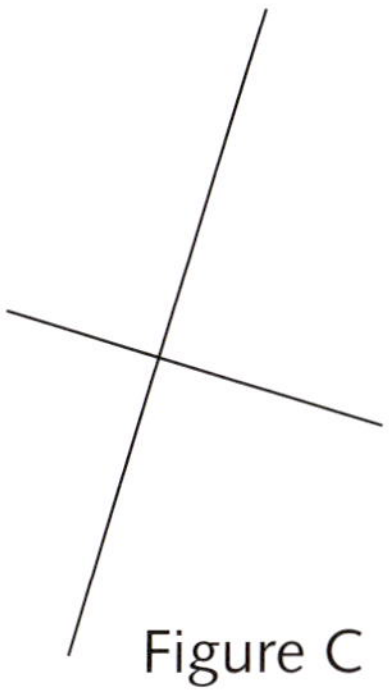
Figure C

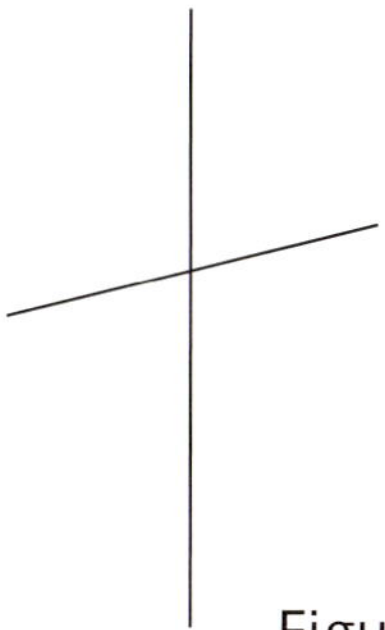
Figure D

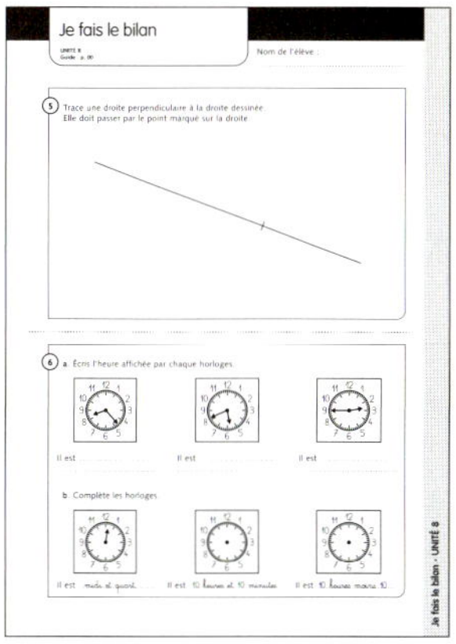

5 **Travail sur fiche bilan.**
Trace une droite perpendiculaire à la droite dessinée.
Elle doit passer par le point marqué sur la droite.

6 **Travail sur fiche bilan.**

a. Écris l'heure affichée par chaque horloge.

b. Complète les horloges.

7 Tim prend l'avion le vendredi à 7 heures du matin.
Il revient le samedi à 11 heures du matin.
Combien de temps a duré son voyage ?
Donne la réponse en jours et heures puis en heures seulement.

Augmentation, diminution

Exercices pour réviser les angles droits

Tu disposes d'une feuille de papier sans bords droits.

A Comment, sans instrument, peux-tu faire apparaître une droite sur la feuille ?

B Comment maintenant faire apparaître un angle droit ?

Chercher Problèmes

1 Plume, Piaf, Maïa et Tim voyagent en ballon !
Ils regardent le paysage et, de temps en temps, jettent un coup d'œil sur l'altimètre qui indique à quelle altitude ils se trouvent.

Voici ce qu'indique l'altimètre à différents moments de la matinée :

Heures	9 h	9 h 30	10 h	10 h 30	11 h
Indications de l'altimètre	453 m	1 100 m	995 m	1 435 m	698 m

a. De combien de mètres le ballon est-il monté entre 9 h et 9 h 30 ?
b. De combien de mètres le ballon est-il descendu entre 9 h 30 et 10 h ?
c. De combien de mètres le ballon est-il monté entre 10 h et 10 h 30 ?
d. De combien de mètres le ballon est-il descendu entre 10 h 30 et 11 h ?

Exercices

2

Début des travaux : 1887
Inauguration : 1889
Hauteur totale (avec antenne) : 324 m
Hauteur du 1er étage : 58 m
Hauteur du 2e étage : 115 m
Hauteur du 3e étage : 276 m
Nombre de marches : 1 665

La tour Eiffel.

Un groupe est arrivé au 1er étage.
a. De combien de mètres doit-il encore monter pour arriver au 2e étage ?
b. De combien de mètres doit-il encore monter pour arriver au 3e étage ?

3 Zoé a commencé l'ascension de la tour Eiffel par l'escalier. Elle a déjà monté 278 marches. Combien de marches doit-elle encore monter pour arriver au sommet de la tour ?

Soustraction posée

Exercices pour réviser l'addition

A Complète.

a.
$$\begin{array}{r} 2\ 8\ 7 \\ +\ .\ .\ . \\ \hline 8\ 4\ 5 \end{array}$$

b.
$$\begin{array}{r} 4\ 5\ 3 \\ \hline +\ 1\ 8\ 3 \\ .\ .\ . \end{array}$$

c.
$$\begin{array}{r} 3\ 6\ 0 \\ \hline +\ \ \ 8\ 6 \\ .\ .\ . \end{array}$$

B Complète.

a. … + 258 = 712 b. 236 = … + 189 c. 680 = 297 + …

C Sur cette facture, retrouve les renseignements qui manquent.

Article	Quantité	Prix à l'unité	Prix à payer
Bande dessinée	4	…	36 €
Dictionnaire	2	…	…
		Total	**112 €**

Chercher Calcul de différences

1 Calcule 862 – 238.
Écris d'autres calculs qui permettent d'obtenir le même résultat. Fais ces calculs.

2 Calcule 615 – 546 en posant la soustraction.

Exercices

DICO-MATHS p. 14
Soustraction posée

3 Calcule.

a.
$$\begin{array}{r} 7\ 8\ 5 \\ -\ 4\ 3\ 8 \\ \hline \end{array}$$

c.
$$\begin{array}{r} 7\ 0\ 8 \\ -\ \ \ 7\ 3 \\ \hline \end{array}$$

b. 463 – 286 d. 308 – 89

4 Certaines soustractions contiennent des erreurs, corrige-les.

a.
$$\begin{array}{r} 7\ 6\ 4 \\ -\ 2\ 7\ 4 \\ {\scriptstyle 1}\ \ \ \\ \hline 4\ 9\ 0 \end{array}$$

c.
$$\begin{array}{r} 1\ 0\ 2\ 4 \\ -\ \ \ 8\ 7\ 2 \\ {\scriptstyle 1}\ \ {\scriptstyle 1}\ \ \ \\ \hline 1\ 1\ 4\ 2 \end{array}$$

b.
$$\begin{array}{r} 8\ 0\ 2 \\ -\ \ \ 5\ 6 \\ \hline 8\ 5\ 4 \end{array}$$

d.
$$\begin{array}{r} 5\ 6\ 0\ 0 \\ -\ \ \ \ \ 8\ 6 \\ {\scriptstyle 1}\ \ {\scriptstyle 1}\ \ \ \\ \hline 5\ 5\ 1\ 4 \end{array}$$

5 459 1 000 685

a. Quelle est la plus petite différence, autre que 0, que tu peux obtenir avec deux de ces trois nombres ?
Calcule-la.

b. Quelle est la plus grande différence que tu peux obtenir avec deux de ces trois nombres ?
Calcule-la.

6 586 9 612 887 1 000

a. Quelle est la plus petite différence, autre que 0, que tu peux obtenir avec deux de ces quatre nombres ?
Calcule-la.

b. Quelle est la plus grande différence que tu peux obtenir avec deux de ces quatre nombres ?
Calcule-la.

Calcul de distances

Exercices pour réviser la lecture de l'heure

A **Cahier de géométrie-mesure p. 26.**

Chercher Distances sur un plan

Voici le plan d'un zoo où les espèces sont regroupées.

1 Quelle distance faut-il parcourir pour aller de l'entrée à l'espace des éléphants en passant par le Rocher des lions, l'abri des loups et le lac des cygnes ?

2 Pour aller de l'abri des loups à la cage des tigres en passant par la fosse aux ours, il y a 541 m.
Quelle est la longueur du chemin qui va de l'abri des loups à la fosse aux ours ?

3 Pour aller de l'entrée à la cage aux tigres en passant par le bassin des dauphins et l'arbre des singes, il faut parcourir 260 m.
Quelle est la longueur du chemin qui va du bassin des dauphins à l'arbre des singes ?

4 Tim et Maïa se sont donné rendez-vous au lac des cygnes.
Tim part de l'entrée et passe par le Rocher des lions et par l'abri des loups. Maïa part de la fosse aux ours et passe par l'abri des loups.
Qui va parcourir le plus long chemin ?
De combien de mètres sera-t-il plus long que l'autre ?

5 Pour aller du bassin des dauphins à la cage au tigre en passant par l'espace des éléphants, il faut parcourir 180 m.
La longueur du chemin qui va du bassin des dauphins à l'espace des éléphants est le double de la longueur du chemin qui va de l'espace des éléphants à la cage aux tigres.
Quelle est la longueur de chacun de ces chemins ?

Ligne graduée

Exercices pour réviser la reproduction de figures

A et **B** **Cahier de géométrie-mesure, page 26.**

Chercher — Placer des nombres sur une ligne graduée

1 Sans écrire tous les nombres, trouve ceux qui correspondent aux repères signalés par une flèche.

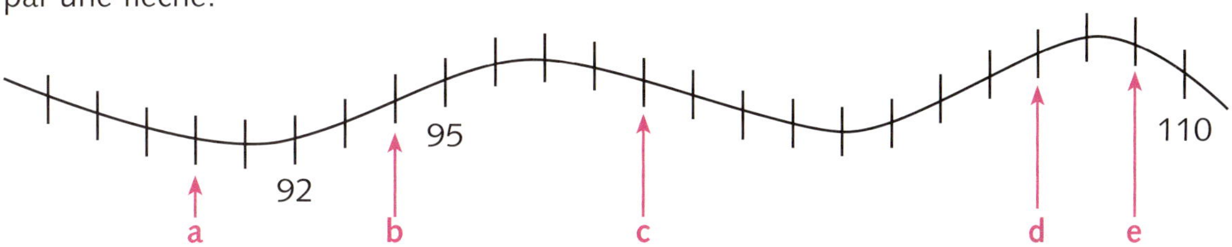

2 Quels nombres faut-il écrire pour compléter cette ligne graduée ?

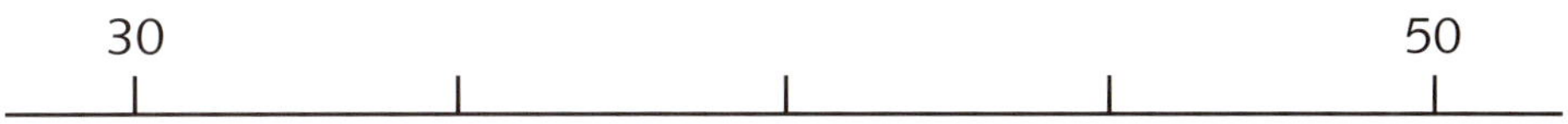

3 Quels nombres faut-il écrire pour compléter cette ligne graduée ?

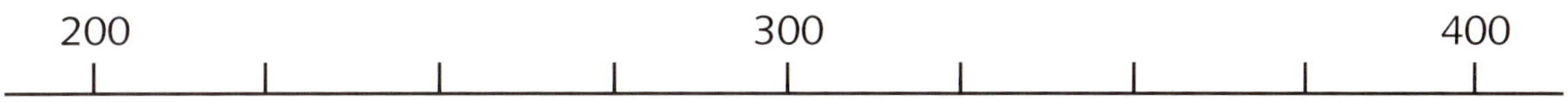

4 Quels nombres faut-il écrire pour compléter cette ligne graduée ?

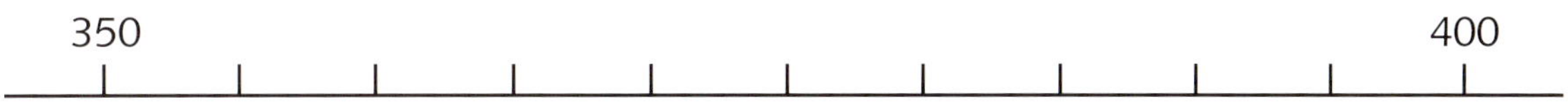

5 Fabrique une ligne graduée régulièrement sur laquelle tu peux placer :
150, 200, 300, 450 et 500.

Exercices

DICO-MATHS p. 6
Ligne graduée

6 Combien y a-t-il de litres d'eau dans l'aquarium ?

7 Reproduis les deux poteaux et dessine la barre à la bonne hauteur.

Multiplication par 20, 50…

Problèmes

A Dans la salle, il y a 24 adultes.
Combien y a-t-il d'enfants ?

B Pour avoir 100 morceaux de sucre, combien de boîtes comme celle-ci dois-tu acheter ?

C Maïa a 20 petites voitures. Tim en a 30. Combien Tim doit-il donner de petites voitures à Maïa pour qu'ils en aient autant l'un que l'autre ?

Chercher Problèmes

1 Maïa a apporté 20 paquets de feuilles.
Dans chaque paquet, il y a 53 feuilles.
Combien de feuilles a-t-elle apportées ?

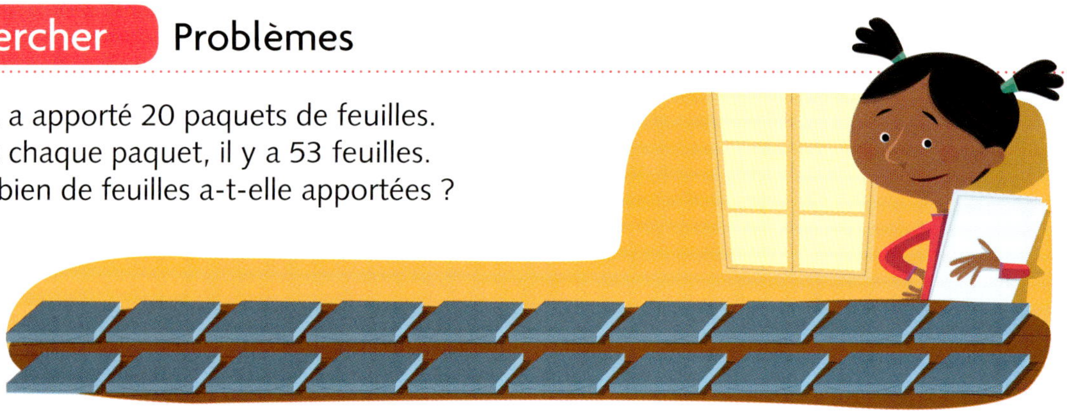

2 Un marchand a commandé 500 paquets de feuilles.
Chaque paquet contient 430 feuilles.
Combien a-t-il commandé de feuilles ?

Exercices

3 Combien y a-t-il de feuilles dans 30 paquets qui contiennent chacun 276 feuilles ?

4 Combien y a-t-il de feuilles dans 400 paquets qui contiennent chacun 53 feuilles ?

5 Calcule.

a. 43 x 40 = …
b. 402 x 300 = …
c. 280 x 50 = …
d. 673 x 30 = …

6 Complète cette facture.

Article	Quantité	Prix unitaire	Prix à payer
Banc	40	36 €	…
Table	200	85 €	…
Chaise	300	18 €	…
		Total	…

Durées en heures et minutes

SÉANCE 6 Guide p. 203
Calcul mental :
Furet de 3 en 3, de 6 en 6
SÉANCE 7 Guide p. 205 Pas d'activités dans le manuel

Exercices pour réviser la soustraction

A Calcule.
a. 87 – 56 b. 365 – 57 c. 412 – 248 d. 1 024 – 563 e. 3 002 – 49

B 4 6 7 8
En utilisant tous ces chiffres, tu peux écrire des différences,
par exemple : 478 – 6 ou 86 – 47.
Écris la plus grande différence possible et la plus petite différence possible.

Chercher Calculs de durées

CAP MATHS TV

10 h 15	**TV-Moustik** *Le magazine des enfants*	**17 h 10**	**Cap Livres** *Les nouveautés chez votre libraire*
10 h 30	**L'Ogre et la Souris** *Dessin animé*	**17 h 25**	**Top 10** *Les nouveautés chez votre disquaire*
11 h 05	**Les animaux de la savane** *Documentaire*	**17 h 40**	**Nouvelles techniques** *Documentaire*
12 h 00	**Éclipse** *Jeu*	**18 h 15**	**Gribouille : le retour** *Feuilleton TV*
12 h 30	**Infos Écoles** *Les infos des écoles*	**19 h 25**	**Chansons du soir** *Divertissement*
13 h 00	**Cap Journal** *Les informations nationales*	**20 h 00**	**Cap Journal** *Les informations nationales*
13 h 40	**La Fée Lisa** *Feuilleton TV*	**20 h 40**	**Météo** *Le bulletin météorologique*
15 h 00	**Deux enfants au pays des maths** *Film d'aventure*	**20 h 50**	**Les Trois mousquetaires** *Le grand film du soir*
16 h 30	**Cap Sport** *Les informations sportives*	**22 h 30**	**Basket-ball** *Finale du championnat d'Europe*

1 Quelles sont les durées des émissions suivantes :
a. *Cap Journal, Deux enfants au pays des maths, Infos Écoles, La Fée Lisa* ?
b. *Cap Livres, Météo, Nouvelles techniques, Gribouille : le retour* ?

2 Tim veut enregistrer son feuilleton préféré : *Gribouille : le retour*.
Il a une cassette de 60 minutes. Est-ce possible ?

3 Maïa peut-elle enregistrer *Cap Sport* sur une cassette de 60 minutes ?

Exercices

DICO-MATHS p. 32
Calculer des durées

4 Quelles sont les durées des émissions suivantes :
L'Ogre et la Souris, Les animaux de la savane, Top 10, Chansons du soir ?

5 Le match de basket-ball dure 40 minutes.
À quelle heure se termine-t-il ?

Je prépare le bilan

Guide p. 208	Préparation	Bilan
Calcul d'une soustraction posée	Extrait 1	Exercices 1
Ligne graduée	Extrait 2	Exercices 3
Multiplication par 20, 50…	Extrait 3	Exercice 5
Reproduction de figures	Extrait 4	Exercice 6
Durée en heures et minutes	Extrait 5	Exercices 7

Lis ces extraits de problèmes que tu as eu à résoudre dans l'unité 9 et réponds à la question.
Tu pourras ensuite dire ce que tu as bien compris et ce qui reste difficile pour toi.

Extrait 1

Calcule 615 – 546 en posant la soustraction.

QUESTION

Comment calcules-tu cette soustraction ?

Extrait 2

Quels nombres faut-il écrire pour compléter cette ligne graduée ?

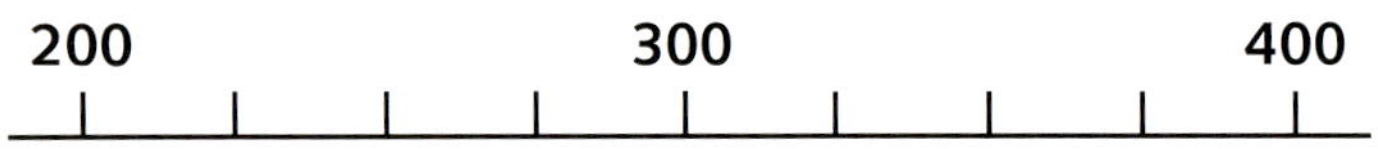

QUESTION

Comment fais-tu pour trouver les nombres qui manquent ?

Extrait 3

QUESTION

Comment fais-tu pour trouver rapidement les résultats ?

Extrait 4

Termine la reproduction de la figure de gauche en utilisant uniquement ta règle, mais sans mesurer.

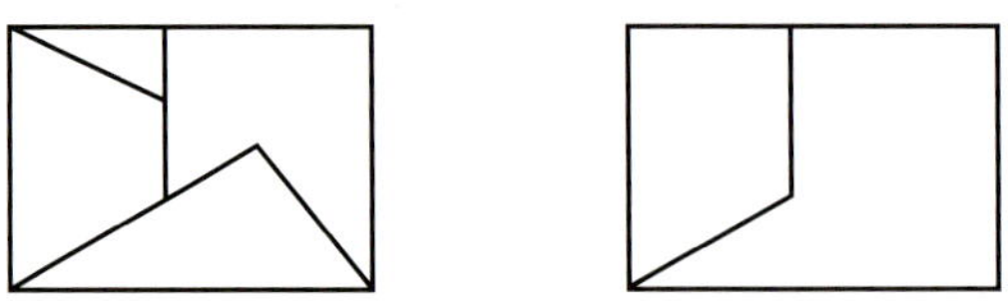

QUESTION

Que faut-il que tu repères pour terminer la reproduction de la figure en utilisant ta règle, mais sans mesurer ?

Extrait 5

Quelle est la durée du feuilleton *Gribouille : le retour* ?

18 h 15	**Gribouille : le retour** *Feuilleton TV*
19 h 25	**Chansons du soir** *Divertissement*

QUESTION

Comment fais-tu pour calculer une durée en heures et minutes ?

Je fais le bilan

À la suite de cette évaluation, les élèves peuvent compléter leur bilan de compétences (→ matériel photocopiable)

1 Calcule.
a. 436 – 52 **b.** 613 – 209 **c.** 2007 – 153

2 Certaines soustractions contiennent des erreurs, corrige-les.

a.
```
   5 6 2
 –   4 8
 -------
   5 2 6
```
b.
```
   5 0 7
 – 2 5 8
 -------
   2 4 9
```
c.
```
   2 0 5 3
 –   8 3 5
 ---------
   2 2 1 8
```

3 Dessine la ligne graduée et écris les nombres à la bonne place :
100 ; 300 ; 600 ; 400 ; 250

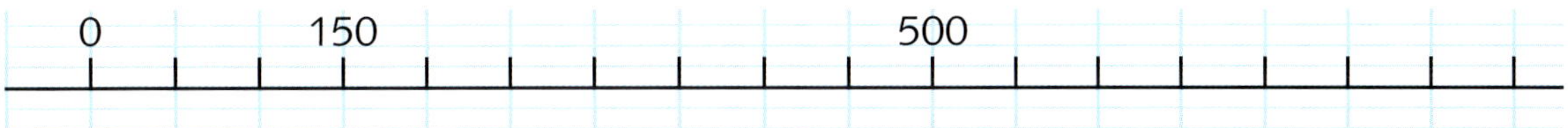

4 Trouve le nombre qui correspond à chaque repère marqué d'une lettre.

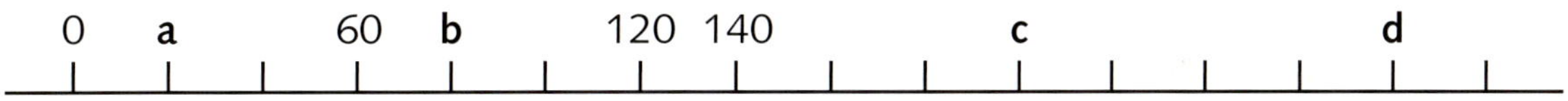

5 Calcule.
a. 15 x 400 **b.** 900 x 30 **c.** 386 x 200 **d.** 805 x 40

6 **Travail sur fiche bilan.**
Termine la reproduction en utilisant ta règle, mais sans mesurer.

7 C'est l'après-midi, écris l'heure affichée par chaque horloge.

a.

b.

c.

8 Tim fait de l'athlétisme. Sa séance d'entraînement commence à 9 h 15 et se termine à 10 h 05. Combien de temps dure-t-elle ?

PÉRIODE 3

Exercices complémentaires

Nombres

1 Écris tous les nombres de 101 en 101 depuis 2 487 jusqu'à 3 800.
Écris tous les nombres de 2 002 en 2 002 depuis 25 607 jusqu'à 53 635.

2 Écris en chiffres :
a. 5 milliers, 8 unités
b. 8 unités, 3 dizaines de mille
c. 3 dizaines, 15 milliers
d. 7 milliers, 10 centaines
e. 15 centaines
f. 25 milliers, 8 centaines
g. 10 milliers, 10 centaines
h. 15 dizaines de mille, 15 milliers
i. 5 centaines, 120 dizaines et 3 milliers
j. 36 milliers, 200 centaines et 460 unités

3

5 dizaines	1 millier	5 centaines	10 milliers
65 centaines	3 dizaines	3 unités	30 dizaines

Utilise ces étiquettes pour obtenir chacun des nombres suivants :
a. 1 050
b. 6 550
c. 16 500
d. 1 830
e. 10 880
f. 800

Calcul

4 Calcule.
a. 847 – 258
b. 6 783 – 352
c. 6 000 – 98
d. 5 003 – 786

5 Complète.

a.
```
    5 4 .
  – 5 . 2
  -------
    . 2 6
```

b.
```
    5 2 .
  – 3 . 8
  -------
    . 5 6
```

6 Calcule.
a. 132 x 5
b. 132 x 50
c. 132 x 7
d. 132 x 700

7 Utilise les résultats de l'exercice 6 pour calculer :
a. 132 x 57
b. 132 x 70
c. 132 x 75
d. 132 x 705

Problèmes

8 Maïa a 845 images. Elle veut les coller dans un seul album.
Elle a le choix entre trois albums : un album de 20 pages, un album de 50 pages et un album de 100 pages.
Sur chaque page, elle peut coller 10 images.
Quel album doit-elle choisir ?
Combien de places restera-t-il pour de nouvelles images dans son album ?

9

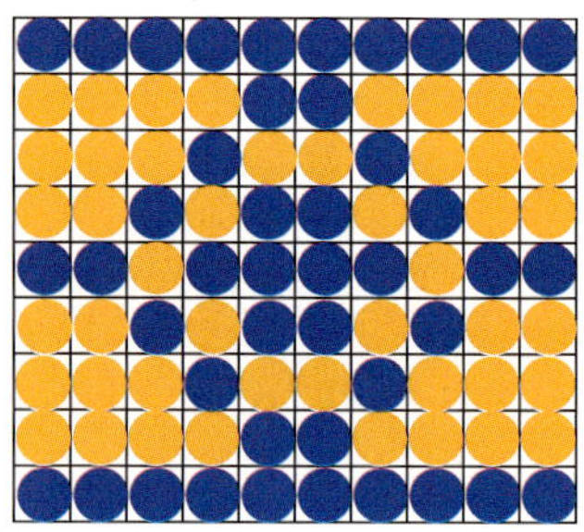

Anaïs vient de commencer un collier avec des perles de deux couleurs.
La partie qu'elle a dessinée en grandeur réelle sera répétée plusieurs fois. Elle doit faire un collier de 20 cm de long.
Combien lui faudra-t-il de perles de chaque couleur ?

Les perles sont vendues en boîtes de 100 perles. Une boîte de perles orange vaut 2 € et une boîte de perles bleues vaut 5 €.
Combien va-t-elle dépenser pour pouvoir réaliser son collier ?

Géométrie

10 Quels sont les points alignés ?

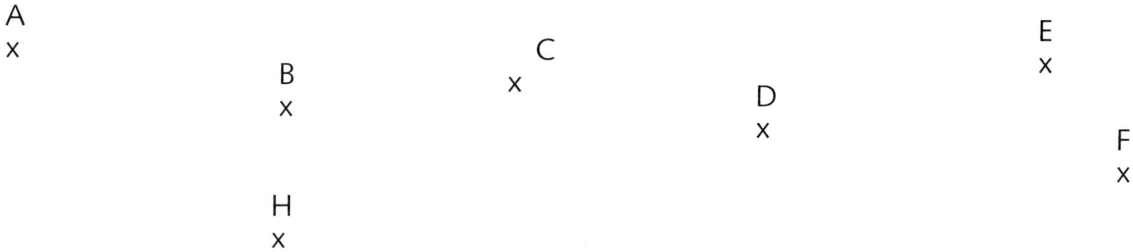

11 **a.** Trace un carré de 5 cm 5 mm de côté.

b. Trace un rectangle de longueur 6 cm et de largeur 4 cm.

12 Trace un quadrilatère qui a seulement un angle droit.
Trace un quadrilatère qui a exactement deux angles droits, ni plus, ni moins.

Mesure

13 Une ligne est constituée de deux segments mis bout à bout.
Le premier mesure 5 cm 6 mm et la longueur totale de la ligne est de 10 cm 2 mm.
Quelle est la longueur du deuxième segment ? Écris-la en cm et mm.

14

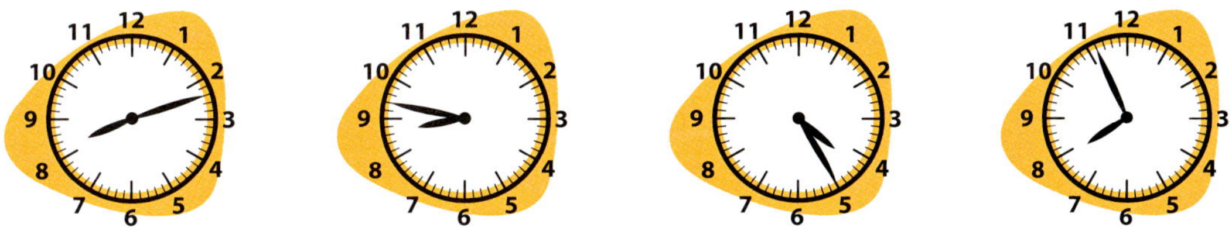

C'est le matin, écris les horaires affichés sur les horloges.

15 C'est le soir, écris les horaires affichés sur les horloges de l'exercice précédent.

16 Tim a fait cet été une croisière en bateau. Il a embarqué le samedi à 10 heures du matin et est arrivé à destination le dimanche à 12 heures.
Combien de temps a duré sa croisière ?
Exprime la réponse en jours et heures, puis en heures.

17 *Le Temps des Maths* est une émission diffusée sur Cap Canal le mardi.
Elle commence à 9 h 10 et se termine à 10 h 20. Quelle est la durée de l'émission ?

18 L'émission préférée de Tim est *Cap Clip*.
Elle a lieu tous les jours. Elle commence à 16 h 15 et dure 35 minutes.
À quelle heure se termine-t-elle ?

3 Math•magazine

La multiplication avec les doigts

On a dû te dire qu'il faut connaître la table de multiplication « par cœur » ou « sur le bout des doigts ».

Sais-tu que, grâce à tes doigts, tu peux retrouver des résultats que tu as oubliés, en utilisant un procédé très ancien.

• 6 x 7, c'est facile !

6 c'est 5 + 1
on a donc replié **1** doigt
sur cette main

7 c'est 5 + 2
on a donc replié **2** doigts
sur l'autre main

Compte les doigts pliés et multiplie le résultat par 10 :
tu obtiens 3 doigts, donc 30.
Multiplie les deux nombres de doigts levés : 4 x 3 = 12.
Ajoute 30 et 12.
Tu trouves **42** qui est égal à **6 x 7**.

• 7 x 9, c'est simple !

7 c'est 5 + 2
on a donc replié **2** doigts
sur cette main

9 c'est 5 + 4
on a donc replié **4** doigts
sur l'autre main

Compte les doigts pliés et multiplie le résultat par 10 :
tu obtiens 6 doigts, donc 60.
Multiplie les deux nombres de doigts levés : 3 x 1 = 3.
Ajoute 60 et 3, tu trouves **63** qui est égal à **7 x 9**.

Bien sûr, ça ne marche qu'avec les nombres plus grands que 5 et plus petits que 10.

Que calcule-t-il ?

→ *Quel produit est-il en train de chercher ? Aide-le à faire son calcul.*

→ *Calcule 6 x 8 avec ce procédé.*

→ *Cherche tous les produits qu'il est possible de calculer avec ce procédé.*

Le jeu de la mourre

Le jeu de la mourre est très ancien. Il se joue à deux, avec les mains.

La règle du jeu

Les deux joueurs sont face à face et ferment le poing de leur main droite. Lorsque l'un des deux dit « mourre », ils lèvent en même temps un certain nombre de doigts de la main droite et disent un nombre.
Le joueur, qui dit le nombre correspondant au nombre total de doigts levés par les deux joueurs, marque un point.
Le premier joueur qui atteint cinq points gagne la partie.

Au XIXe siècle, deux jeunes chinois, à table avec leurs amis, jouent à la mourre.

Anaïs et Maxime viennent de commencer à jouer.
C'est Anaïs qui marque un point.
Tu peux aussi jouer avec les deux mains, mais c'est plus difficile.

Et avec la multiplication ?

Dans cette variante du jeu, pour marquer un point, il faut dire le nombre qui correspond au produit des nombres de doigts levés par chacun des joueurs.
Là, c'est Maxime qui marque le point.

Voilà un bon moyen de travailler la table de multiplication, surtout si tu joues en utilisant les deux mains.

Nombre de parts

Problèmes

A Lisa doit payer 25 € pour l'achat d'un ventilateur.
Elle donne un billet de 50 €.
Quelle somme d'argent le marchand doit-il lui rendre ?

B Elsa voudrait acheter un croissant qui coûte 85 c.
Elle donne une pièce de 1 €.
Quelle somme d'argent le marchand doit-il lui rendre ?

C Alex, Léo et Kamel rassemblent toutes leurs billes.
Cela fait un paquet de 50 billes.
Alex avait 20 billes.
Léo et Kamel en avaient autant l'un que l'autre.
Combien de billes chaque enfant avait-il ?

Chercher Combien de fois 10, 100... ?

Les enveloppes sont vendues par paquets de 10 enveloppes ou par cartons de 100 enveloppes.

1 Combien de paquets dois-tu demander pour pouvoir envoyer 43 lettres ?

2 Il ne reste que des cartons de 100 enveloppes.
Combien de cartons dois-tu demander pour pouvoir envoyer 376 lettres ?

3 Il ne reste que des paquets de 10 enveloppes.
Combien de paquets dois-tu demander pour pouvoir envoyer 376 lettres ?

4 Un grand magasin de jouets décide d'envoyer une publicité à ses 12 746 clients.
Il commande des cartons de 100 enveloppes pour préparer son envoi.
Combien doit-il en commander ?

Exercices

5 Hier, le confiseur a vendu 240 bonbons à la menthe.
Combien de boîtes de 10 bonbons a-t-il vendues ?

6 Combien peut-on faire de paquets de 10 allumettes avec 607 allumettes ?

7 Combien peut-on remplir de boîtes de 100 allumettes avec 25 053 allumettes ?

8 Le directeur du théâtre doit envoyer 2 035 prospectus pour annoncer le programme de l'année prochaine.
Le papetier lui dit :
« Je n'ai plus que 15 cartons de 100 enveloppes. Je peux vous donner le reste en paquets de 10 enveloppes. »
Combien doit-il donner de paquets de 10 enveloppes ?

Nombre de parts

Exercices pour réviser les calculs avec des parenthèses

A Calcule.

a. 5 x (4 + 6)
b. (5 x 4) + 6
c. (5 + 4) x 6
d. 5 + (4 x 6)
e. (4 + 3) x (10 – 5)
f. (8 x 5) – (10 x 4)

B Complète.

a. 18 – (3 x 2) = ...
b. 17 – (... + 5) = 10
c. (18 – 3) x 2 = ...
d. (10 x ...) – 5 = 25
e. (18 – 3) x (5 – 3) = ...
f. (... + 3) x (10 – 8) = 12

Chercher Combien de fois 40, 400... ?

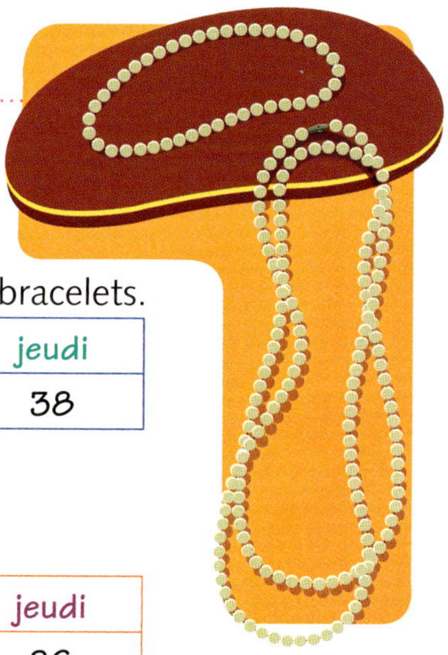

Pour fabriquer un bracelet, Maïa utilise 40 perles.
Pour fabriquer un collier, Tim utilise 400 perles.

1 Les quatre premiers jours des vacances, Maïa a fabriqué des bracelets.

	lundi	mardi	mercredi	jeudi
Nombre de bracelets	6	20	16	38

Combien de perles a-t-elle utilisées chaque jour ?

2 Tim, lui, a fabriqué des colliers.

	lundi	mardi	mercredi	jeudi
Nombre de colliers	6	10	16	26

Combien de perles a-t-il utilisées chaque jour ?

3 Avec 320 perles, combien Maïa peut-elle fabriquer de bracelets ?
Et avec 750 perles ?

4 Avec 8 000 perles, combien Tim peut-il fabriquer de colliers ?
Et avec 6 250 perles ?

Exercices

5 Maïa compte de 40 en 40 à partir de 0.
Si elle ne se trompe pas, dira-t-elle ces nombres :

a. 480 ?
b. 600 ?
c. 810 ?
d. 840 ?
e. 1 000 ?

6 En lançant des fléchettes, peux-tu marquer exactement :

a. 120 points ?
b. 500 points ?
c. 3 600 points ?
d. 3 280 points ?

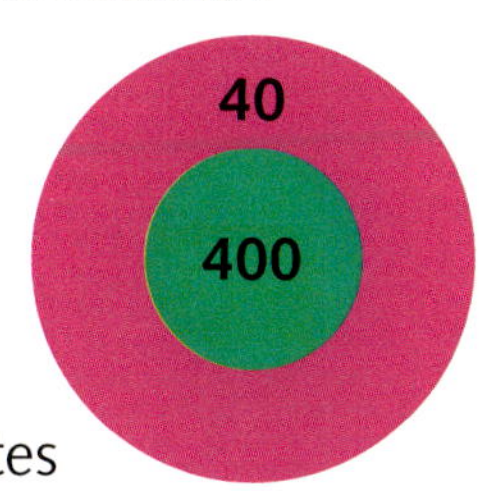

Combien de fléchettes dois-tu placer dans chaque zone ?

Calculs avec 5, 50, 500 Recherche de toutes les possibilités

Exercices pour réviser les calculs avec des parenthèses

A Calcule.

a. 3 x (5 + 2)
b. (3 x 5) + 2
c. (3 + 5) x 2
d. (3 + 5) x (7 – 2)
e. (3 x 5) + (7 – 2)
f. (10 x 10) – (20 + 30)

B Complète.

a. (4 x 5) + … = 25
b. (2 x 8) + … = 20
c. 5 x (9 – …) = 40
d. 4 x (… + 4) = 24
e. (10 – …) x 7 = 35
f. (5 x …) – (10 x 4) = 0

Chercher Calculs avec 5, 50 et 500

1 Plume lance 3 fléchettes. Chaque fléchette atteint des zones différentes.
Combien de points a-t-il pu marquer ?

2 Maïa lance 3 fléchettes.
Toutes les fléchettes atteignent la même zone.
Combien de points a-t-elle pu marquer ?

3 Tim lance aussi 3 fléchettes.
Les trois fléchettes ont atteint deux zones différentes.
Il y en a deux dans la même zone.
Combien de points a-t-il pu marquer ?

Exercices

Dans les exercices 4, 5, 6 et 7, chacun peut lancer autant de fléchettes qu'il veut sur la cible.

4 Trouve comment marquer 60 points de deux façons différentes.

5 Maïa voudrait marquer 62 points.
Est-ce possible ?

6 Plume voudrait marquer 230 points.
Est-ce possible ?

7 Tim pense qu'il est possible de marquer 2 120 points en lançant 10 fléchettes sur la cible.
A-t-il raison ?

8 Maïa pense qu'il est aussi possible de marquer 2 120 points en lançant des fléchettes dans 2 zones seulement.
A-t-elle raison ?

9 Trouve tous les scores qu'il est possible de réaliser en lançant 2 fléchettes sur la cible.

10 Trouve tous les scores qu'il est possible de réaliser en lançant 4 fléchettes sur la cible.

Écriture littérale de nombres

SÉANCE 4 Guide p. 220
Calcul mental :
Tables de multiplication par 3, 6, 9

Exercices pour réviser les polyèdres

A **Jeu : « De quel polyèdre s'agit-il ? »**
Dans chaque équipe, vous disposez d'un lot de polyèdres et d'un jeu de 14 cartes. Sur chaque carte, il y a d'un côté une description d'un polyèdre et de l'autre la lettre correspondant à ce polyèdre.
Vous devez retrouver le polyèdre qui correspond à la description.

Chercher Nombres écrits en lettres

1 Trouve dix nombres que tu peux écrire avec ces étiquettes.
Écris-les en lettres puis en chiffres.

2 Découpe trente étiquettes blanches. Écris un mot sur chaque étiquette.
Tu dois trouver tous les mots utiles pour fabriquer n'importe quel nombre plus petit que 999 999.

Exercices

DICO-MATHS p. 2
Lire et écrire des nombres

3 Écris ces nombres en chiffres.
a. quatre cent vingt-huit
b. trois cent quatre-vingt-dix-sept
c. dix mille deux cent vingt
d. quatre-vingt-seize mille neuf cents
e. sept cent deux mille quatorze
f. sept cent soixante mille
g. sept mille cent soixante
h. trois cent quatre-vingt-seize mille quatre-vingt-dix-huit

4 Écris ces nombres en lettres.

a. 798	**e.** 12 480
b. 1 235	**f.** 576 109
c. 15 000	**g.** 800 020
d. 32 006	**h.** 101 010

5 trois — soixante — cent

a. En utilisant tous ces mots, écris en lettres et en chiffres le plus grand nombre possible.
b. En utilisant tous ces mots, écris en lettres et en chiffres le plus petit nombre possible.

6 six — vingt — mille

a. En utilisant tous ces mots, écris en lettres et en chiffres le plus grand nombre possible.
b. En utilisant tous ces mots, écris en lettres et en chiffres le plus petit nombre possible.

Écriture littérale de nombres

SÉANCE 5 Guide p. 223

Calcul mental :
Problèmes du domaine additif

Exercices pour réviser les doubles et les moitiés

A Écris le double de 5, de 15, de 35, de 45, de 55.

B Écris la moitié de 20, de 50, de 60, de 100, de 110.

C Écris les nombres deux par deux : l'un doit être le double de l'autre.

3 45 6 130 40
90 65 75 150
120 110 80 60 55

Chercher Nombres écrits en lettres

1 sept dix soixante cent

Avec trois étiquettes, écris tous les nombres possibles en lettres puis en chiffres.

2 Retrouve les nombres que tu as écrits dans la question 1 avec :

7 10 60 100

Tu peux utiliser toutes les opérations que tu connais.

exemple
cent soixante-sept → 167 = 100 + 60 + 7

Exercices

DICO-MATHS p. 2
Lire et écrire des nombres

3 Complète.

exemple deux cent huit	208	(2 x 100) + 8
quatre-vingt-quinze		
	2 060	
	80 000	
		100 + (4 x 20) + 6
		(2 x 1 000) + (4 x 20) + 10

4 quatre vingt cent mille

Avec trois étiquettes, écris 10 nombres en lettres et en chiffres.

5 Retrouve les nombres que tu as écrits dans l'exercice 4 avec :

4 20 100 1 000

Tu peux utiliser toutes les opérations que tu connais.

6 Trouve dix nombres plus grands que mille et plus petits que dix mille qui peuvent s'écrire avec trois mots.

7 Trouve dix nombres plus grands que dix mille et plus petits que cent mille qui peuvent s'écrire avec quatre mots.

Polyèdres

Calcul mental :
Furet de 9 en 9

Exercices pour réviser les doubles et les moitiés

A Écris le double de 55, 75, 95, 105, 125 et 250.

B Écris la moitié de 90, 130, 160, 230, 300 et 700.

C Écris les nombres deux par deux : l'un doit être le double de l'autre.

5		140		90		430		175
	280		225		250		180	
450		125		215		350		10

Chercher Reproduire un polyèdre

Travail sur fiches 39 et 40.

1 Par équipe de 2, vous devez reproduire une pyramide.
Elle est placée sur une table où vous pourrez venir l'observer et la manipuler.
Pour cela, vous disposez d'un lot de polygones parmi lesquels se trouvent toutes les faces de la pyramide à reproduire.

2 Reproduis maintenant, seul, ce nouveau polyèdre. Comme pour la pyramide, ce polyèdre est placé sur une table où tu peux aller l'observer et le manipuler. Tu disposes toujours du même lot de polygones.

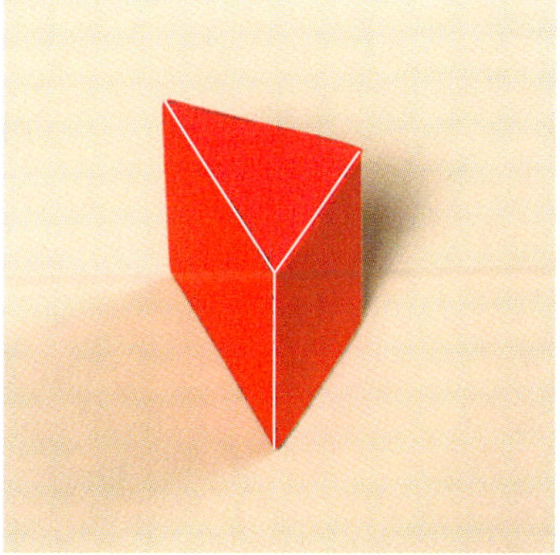

Je prépare le bilan

Guide p. 230	Préparation	Bilan
Nombres de parts	Extrait 1	Exercices 1
Écriture littérale des nombres	Extrait 2	Exercices 3
Description d'un polyèdre	Extrait 3	Exercice 6
Reproduction d'un polyèdre	Extrait 4	Exercice 7

Lis ces extraits de problèmes que tu as eu à résoudre dans l'unité 10 et réponds à la question.
Tu pourras ensuite dire ce que tu as bien compris et ce qui reste difficile pour toi.

Extrait 1

Combien de paquets dois-tu demander pour pouvoir envoyer 43 lettres ?

QUESTION

Sais-tu trouver combien il faudrait de paquets de 10 enveloppes ?

Extrait 2

quatre | vingt | cent | mille

Avec trois étiquettes, écris 10 nombres en lettres et en chiffres.

QUESTION

As-tu compris comment on écrit en chiffres un nombre donné avec des mots ?

Extrait 3

De quel polyèdre s'agit-il ?

- Toutes mes faces sont identiques.
- Mon nombre d'arêtes est le double de mon nombre de faces.

QUESTION

Quelles informations permettent de reconnaître un polyèdre ?

Extrait 4

Quels polygones dois-tu choisir pour reproduire cette pyramide et combien dois-tu en prendre de chaque sorte ?

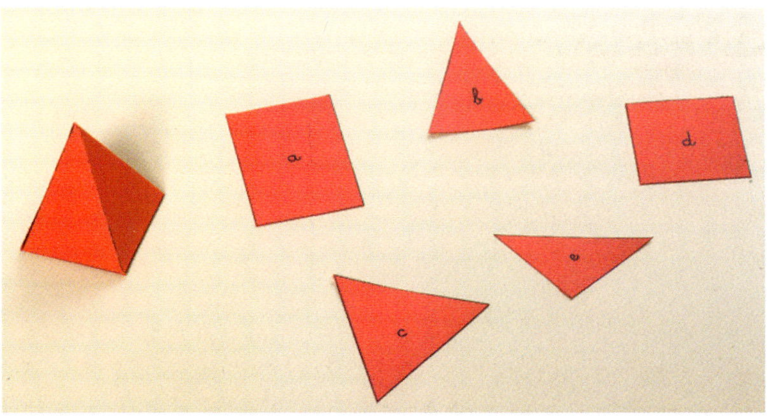

QUESTION

Quelles informations dois-tu prendre sur la pyramide pour pouvoir la reproduire ?

Je fais le bilan

À la suite de cette évaluation, les élèves peuvent compléter leur bilan de compétences (→ matériel photocopiable)

1 Tim a marqué 250 points en plaçant toutes ses fléchettes dans la même zone. Où sont tombées ses fléchettes ? Combien de fléchettes a-t-il placées dans cette zone ?

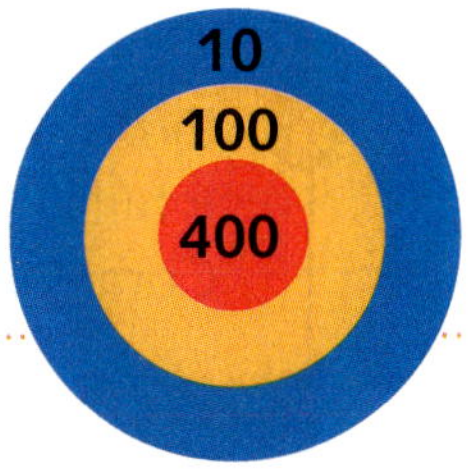

2 Maïa a marqué 1 220 points en plaçant des fléchettes dans la zone 400 et dans la zone 10.
Elle a placé plus de fléchettes dans la zone 400 que dans la zone 10.
Combien de fléchettes a-t-elle placées dans chaque zone ?

3 Écris ces nombres en lettres.

a. 606 **b.** 78 940 **c.** 406 090 **d.** 75 096 **e.** 80 598

4 Écris ces nombres en chiffres.

a. mille sept cent dix-huit

b. quatre-vingt deux mille cent

c. sept cent huit mille soixante-dix-sept

d. cent mille cent

5 Complète ce tableau.

exemple deux cent vingt	220	(2 x 100) + 20
sept cent soixante-dix-huit		
	15 780	
	60 070	
		(15 x 1 000) + (7 x 100) + 12

6 Tu as devant toi un lot de polyèdres.

a. Quel est le polyèdre qui correspond à cette description :
« J'ai 5 faces et 6 sommets. »

b. Quel est celui qui correspond à cette autre description :
« J'ai 5 sommets et 2 formes de faces différentes. »

7 **Travail sur fiche bilan.**
En utilisant tous ces polygones, peux-tu reproduire le polyèdre que l'on t'a donné ?
Si ce n'est pas possible, explique pourquoi.

Multiplication : calcul réfléchi

Problèmes

A Tim a 15 petites voitures.
Il fait des rangées de 5 voitures.
Combien peut-il faire de rangées ?

B Maïa colle des photos dans un album.
Elle met 6 photos sur chaque page.
Elle a déjà rempli 4 pages.
Combien de photos a-t-elle collées dans son album ?

C L'entraîneur demande aux enfants de se mettre par équipes de 5. Il y a 4 équipes et il reste 3 enfants qui seront les arbitres.
Combien y a-t-il d'enfants ?

D Cinq enfants jouent au jeu de la bataille avec 32 cartes.
Au début, un des enfants distribue le plus possible de cartes à chacun.
Combien de cartes reçoit chaque enfant ?
Combien en reste-t-il dans le jeu ?

Chercher Calcul réfléchi

Les produits proches

2, 3 ou 4 joueurs

Matériel

- Les 36 cartes du jeu
- Le plateau de jeu
- 36 pions (une couleur de pion par joueur)

2 joueurs : 18 pions chacun
3 joueurs : 12 pions chacun
4 joueurs : 9 pions chacun

10 x 12 — côté calcul
120 — côté résultat

Au début

Placer les cartes sur le plateau de jeu comme ceci :

6 x 12	6 x 13	6 x 14	6 x 15	6 x 16	6 x 17
7 x 12	7 x 13	7 x 14	7 x 15	7 x 16	7 x 17
8 x 12	8 x 13	8 x 14	8 x 15	8 x 16	8 x 17
9 x 12	9 x 13	9 x 14	9 x 15	9 x 16	9 x 17
10 x 12	10 x 13	10 x 14	10 x 15	10 x 16	10 x 17
11 x 12	11 x 13	11 x 14	11 x 15	11 x 16	11 x 17

Jouer

Le premier joueur pose un pion sur une carte et donne le résultat de l'opération.
Il retourne la carte et la laisse sur le plateau, côté résultat.
- Si le résultat est juste, le joueur garde le pion qu'il a posé.
- Si le résultat est faux, il met le pion sur la table, dans le coin des pions perdus.

À son tour, chaque joueur doit poser son pion sur une carte qui touche obligatoirement, par un coin ou par un bord, une carte tournée côté résultat.
Lorsque tous les résultats sont trouvés, chacun compte ses pions.

Le gagnant est celui qui a le plus de pions.

Multiplication : calcul réfléchi

SÉANCE 2 Guide p. 236
Calcul mental :
Furet de 21 en 21

Exercices pour réviser les horaires et les durées

A et **B** **Cahier de géométrie-mesure page 27.**

C Le cours de dessin de Maïa commence à 18 h 20 et se termine à 19 h 30. Combien de temps dure son cours de dessin ?

D L'entraînement de ping-pong de Tim commence le samedi à 13 h 20 et dure 40 minutes.
À quelle heure se termine-t-il ?

Chercher Calcul réfléchi

1 Avec ton équipe, rejoue une partie du jeu des « produits proches ».

Exercices

2 Calcule.

a. 24 x 10
b. 24 x 11
c. 24 x 12
d. 24 x 9
e. 24 x 8
f. 24 x 7
g. 24 x 13
h. 24 x 14

3 Calcule.

a. 35 x 20
b. 35 x 12
c. 35 x 14
d. 35 x 18
e. 35 x 16
f. 35 x 21
g. 35 x 13
h. 35 x 19

4 Sans poser de multiplications, complète :

11 x 49 = …	11 x 50 = …	11 x 51 = …
12 x 49 = …	12 x 50 = 600	12 x 51 = …
13 x 49 = …	13 x 50 = …	13 x 51 = …

5 Sans poser de multiplications, complète ces égalités :

7 x 24 = …	7 x 25 = …	7 x 26 = …
8 x 24 = …	8 x 25 = 200	8 x 26 = …
9 x 24 = …	9 x 25 = …	9 x 26 = …

6 Tim a mélangé toutes les cartes d'un jeu de « produits proches ».
Il connaît déjà ce résultat :
4 x 150 = 600.

6 x 150	4 x 152	6 x 149	3 x 149
3 x 151	4 x 150	5 x 150	5 x 152
6 x 152	5 x 151	3 x 152	4 x 151
4 x 149	3 x 150	6 x 151	5 x 149

a. En utilisant le produit dont le résultat est connu, calcule les autres produits que tu peux obtenir très rapidement.
b. Puis, petit à petit, calcule tous les produits du jeu.

7 Voici 10 produits :

12 x 10	12 x 2	12 x 11	12 x 6	12 x 3
12 x 9	12 x 5	12 x 21	12 x 20	12 x 12

a. Calcule d'abord ceux qui te semblent faciles.
b. Utilise les résultats que tu as obtenus pour calculer les autres produits.

Comparaison de nombres

SÉANCE 3 **Guide p. 238**
Calcul mental :
Furet de 19 en 19

Exercices pour réviser les longueurs en m, cm et mm

A Maïa met bout à bout deux segments. Trouve la longueur de la ligne obtenue.

a. Le premier segment mesure 38 cm, le deuxième mesure 62 cm.

b. Le premier segment mesure 1 m 32 cm, le deuxième 84 cm.

c. Le premier segment mesure 35 cm 4 mm, le deuxième 70 cm 6 mm.

B Écris ces longueurs en utilisant une autre unité.

a. 127 cm
b. 206 cm
c. 40 mm
d. 800 mm

C Complète.

45 mm = ... cm ... mm
1 m 35 cm = ... cm
302 mm = ... cm ... mm

Chercher — Comparer et ranger des nombres

1 Lis la règle du jeu et fais plusieurs parties avec des camarades.

Nombres à ranger

Une équipe de **3 joueurs et un meneur de jeu**

Matériel

- 3 cartons A, B et C
- Des feuilles pour chercher et noter les réponses aux questions

Au début

Le meneur de jeu écrit un nombre différent sur chaque carton.
Le nombre comporte de 1 à 6 chiffres. Les joueurs ne voient pas les nombres.

Jouer

Dans l'équipe, un joueur devra trouver le carton avec le plus petit nombre, un autre joueur devra trouver le carton avec le plus grand nombre et le troisième joueur devra trouver le carton avec le nombre "du milieu".
Pour trouver leur carton, les joueurs posent, à tour de rôle, des questions au meneur de jeu.
Mais ils ne peuvent ni demander quels sont les chiffres qui composent chaque nombre, ni si un des trois nombres est plus petit ou plus grand qu'un autre.

Exemples de questions posées au meneur de jeu :

L'équipe marque un point si chacun réussit à trouver son carton.
Sinon, c'est le meneur de jeu qui marque le point.

2 Écris une méthode qui permet, lorsqu'on a deux nombres écrits en chiffres, de déterminer quel est le plus petit et quel est le plus grand.

Comparaison de nombres

Exercices pour réviser le calcul de différences

A Calcule en utilisant la méthode de ton choix.
a. 576 – 246
b. 602 – 135
c. 3 026 – 2 985
d. 4 000 – 675

B Avec **485** **96** **780** **1 089** écris et calcule toutes les soustractions possibles.

Exercices Comparer et ranger des nombres

DICO-MATHS p. 5
Comparer des nombres
Ranger des nombres

1 Complète avec les signes **>** ou **<**.
a. 2 075 … 20 074
b. 80 109 … 8 999
c. 4 999 … 30 001
d. 9 876 … 10 003
e. 79 100 … 79 099
f. 56 798 … 56 897

2 Quels nombres peuvent être placés dans la partie verte ?
Quels nombres peuvent être placés dans la partie rouge ?

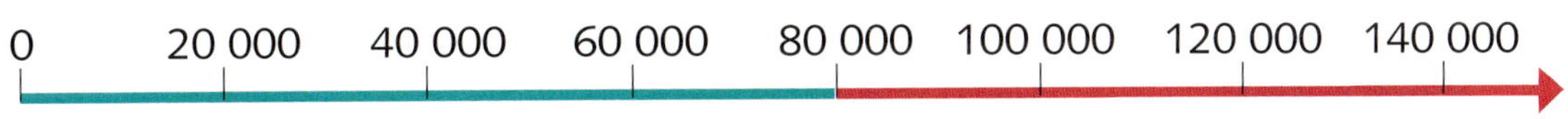

a. 137 809
b. 14 987
c. 20 439
d. 104 312
e. 87 102
f. 8 992
g. 110 003
h. 142 000

3 Range du plus petit au plus grand.

21 200 606 6 001 900 20 678

4 Écris les noms de ces villes, de celle qui a le moins d'habitants à celle qui en a le plus.

Dijon	150 138 habitants
Lons-le-Saunier	18 476 habitants
Tours	132 677 habitants
Bourg-en-Bresse	40 628 habitants
Toulouse	390 301 habitants
Angers	151 322 habitants
Châteauroux	49 598 habitants
Guéret	14 114 habitants

5 Quels nombres sont en même temps plus petits que 2 700 et plus grands que 515 ?

732 1 789 1 214 498 5 000 2 098 509

6 a. Quel est le plus petit nombre qui s'écrit avec 5 chiffres ?
b. Quel est le plus petit nombre qui s'écrit avec 5 chiffres, tous différents ?

7 a. Quel est le plus grand nombre qui s'écrit avec 5 chiffres ?
b. Quel est le plus grand nombre qui s'écrit avec 5 chiffres, tous différents ?

8 Avec **8** **0** **5** **7** **2** écris :
a. le plus grand nombre possible avec ces 5 chiffres.
b. le plus grand nombre possible en choisissant 4 de ces chiffres.
c. le plus petit nombre possible en choisissant 4 de ces chiffres.
d. le plus grand nombre possible en choisissant 3 de ces chiffres.
e. le plus petit nombre possible en choisissant 2 de ces chiffres.

Contenances

SÉANCE 5 Guide p. 241
Calcul mental : Problèmes du type « Combien de fois 5 dans 11 ? »

Problèmes

A Tim a 37 billes. Combien peut-il faire de paquets de 4 billes ?

B Maïa a 40 perles. Combien peut-elle faire de colliers de 6 perles ?

C Plume a entre 40 et 50 noisettes. Quand il range ses noisettes par paquets de 6, il lui en reste 4. Combien Plume a-t-il de noisettes ?

D Piaf a 60 graines. S'il les met toutes par paquets de 4 et par paquets de 8, il peut faire autant de paquets de 4 graines que de paquets de 8 graines. Combien peut-il faire de paquets de chaque sorte ?

Chercher Unités de contenance

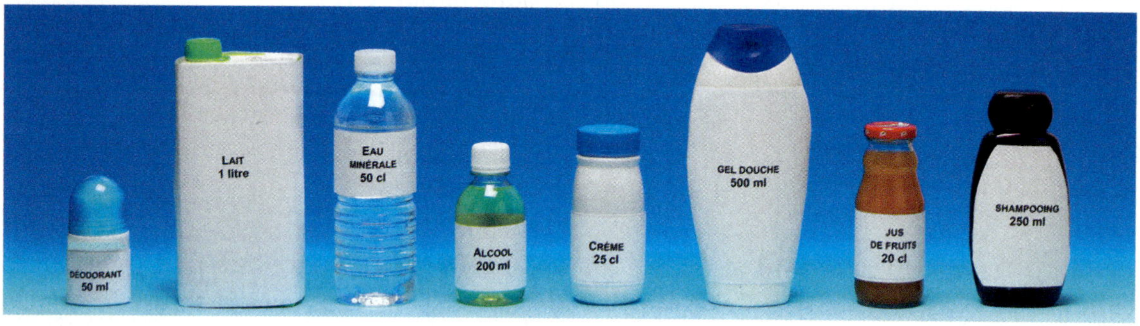

1 Quels récipients ont la même contenance ?

2 Range les contenances de la plus petite à la plus grande.

Exercices

DICO-MATHS p. 30
Mesurer une contenance

3 Quelles étiquettes correspondent aux mêmes contenances ?

200 ml	40 ml	20 cl	4 cl	20 ml	2 l	2 cl	200 cl

4 Quelles étiquettes représentent une contenance plus grande que 1 litre ?

75 cl	150 cl	50 ml	2 l	4 cl	300 cl

Range ces contenances de la plus grande à la plus petite.

5 Voici les étiquettes collées sur certains récipients.

150 cl	20 cl	40 ml	200 ml	1 l	5 cl

a. Quelle est la plus petite contenance ?

b. Quelle est la plus grande ?

c. Range les contenances de la plus petite à la plus grande.

Le cercle

SÉANCE 6 Guide p. 244 Pas d'activités dans le manuel
SÉANCE 7 Guide p. 247
Calcul mental :
Multiplication par 10, 20…

Exercices pour réviser les calculs avec des parenthèses

Voici un moule à calculs : **(… x 4) + (… x 6) = …**

A Peux-tu obtenir 0, 1, 2, 3, 4, 5, 6, 7, 8 et 9 comme résultats, en utilisant ce moule à calculs ?

B Quels sont les nombres compris entre 10 et 20 que tu peux obtenir comme résultats en utilisant ce moule à calculs ? Écris les calculs qui te permettent de les obtenir.

Chercher Reproduire une figure composée de cercles

1 **Travail sur fiche 47.**
Termine la reproduction de la figure.
Utilise tes instruments de géométrie pour prendre sur la figure A toutes les informations qui te seront utiles pour tracer les cercles sur la figure B.
Note ces informations.

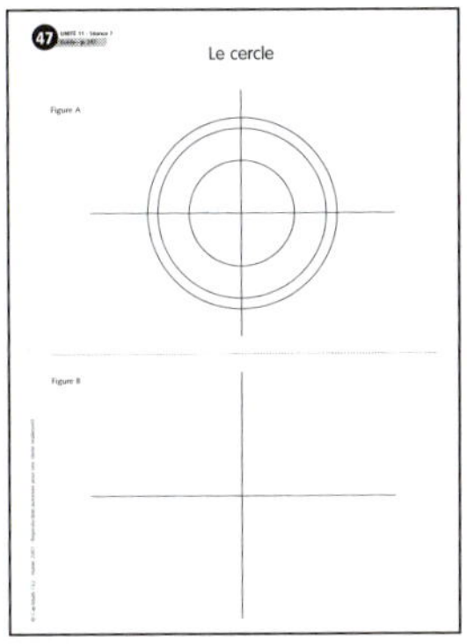

2 **Cahier de géométrie-mesure, page 29.**
Complète la figure en respectant les consignes qui te sont données pour tracer les cercles.

Exercices

DICO-MATHS p. 22
Cercle

3 Quelles descriptions correspondent à cette figure ?

a. Le cercle a pour centre O et passe par le point E.
b. Le cercle a pour centre E et passe par le point O.
c. Le cercle a pour centre E et pour rayon 2 cm 4 mm.
d. Le cercle a pour centre O et pour rayon 4 cm 8 mm.
e. O est le centre du cercle et le rayon du cercle mesure 2 cm 4 mm.

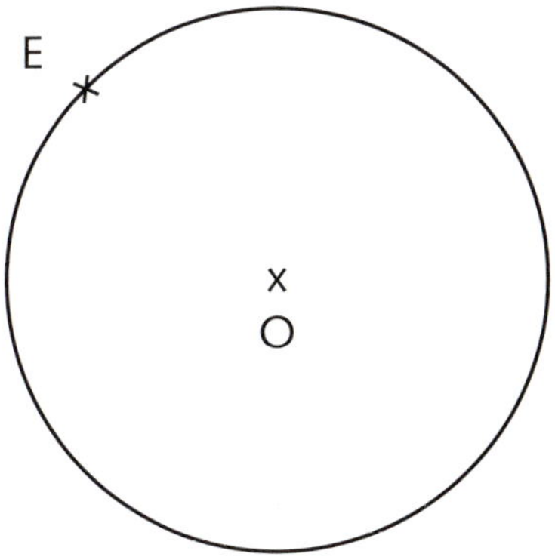

4 Écris deux descriptions de ce cercle.

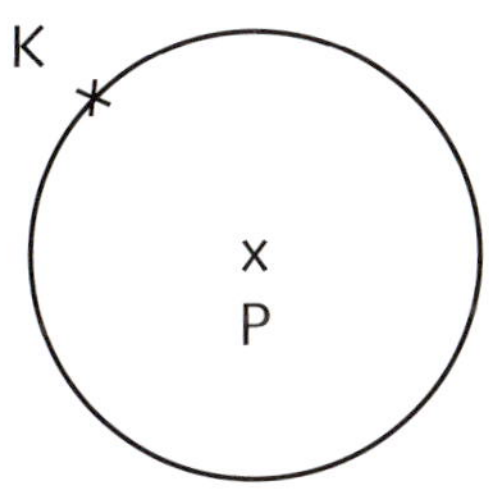

5 **Cahier de géométrie-mesure, page 29.**
On a commencé à reproduire la figure. Termine-la.

Je prépare le bilan

Guide p. 251	Préparation	Bilan
Calcul réfléchi de produits proches	Extrait 1	Exercice 1
Comparaison de nombres	Extrait 2	Exercices 2
Cercle	Extrait 3	Exercices 5
Contenances	Extrait 4	Exercices 7

Lis ces extraits de problèmes que tu as eu à résoudre dans l'unité 11 et réponds à la question.
Tu pourras ensuite dire ce que tu as bien compris et ce qui reste difficile pour toi.

Extrait 1

Tim a mélangé toutes les cartes d'un jeu de « produits proches ».
Il connaît déjà ce résultat : **4 x 150 = 600**.

6 x 150	4 x 152	6 x 149	3 x 149
3 x 151	**4 x 150**	5 x 150	5 x 152
6 x 152	5 x 151	3 x 152	4 x 151

En utilisant le produit dont le résultat est connu, calcule les autres produits que tu peux obtenir très rapidement.

QUESTION

Comment calcules-tu facilement les produits qui sont proches du produit donné ?

Extrait 2

Range du plus petit au plus grand.

21 200 606
6 001 900 20 678

QUESTION

Comment reconnais-tu si un nombre est plus petit ou plus grand qu'un autre ?

Extrait 3

Quelles descriptions correspondent à la figure ?

a. Le cercle a pour centre O et passe par le point E.
b. Le cercle a pour centre E et passe par le point O.
c. O est le centre du cercle et le rayon du cercle mesure 2 cm 4 mm.

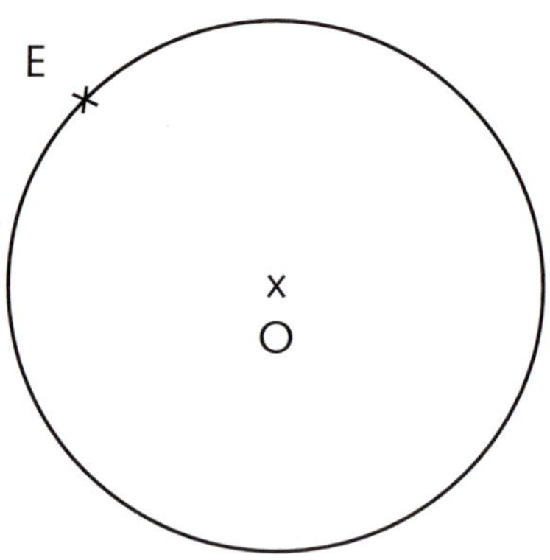

QUESTION

Quelles informations dois-tu donner pour décrire un cercle ?

Extrait 4

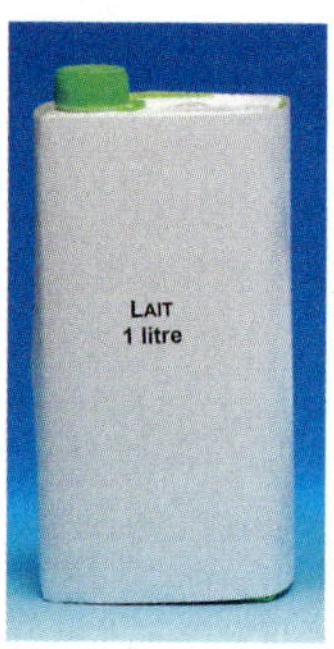

QUESTIONS

Quel récipient a la plus grande contenance ? Comment le sais-tu ?

Je fais le bilan

À la suite de cette évaluation, les élèves peuvent compléter leur bilan de compétences (matériel photocopiable)

1 Complète.

5 x 14 = ...	5 x 15 = ...	5 x 16 = ...	5 x 17 = ...
6 x 14 = ...	**6 x 15 = 90**	6 x 15 = ...	6 x 17 = ...
7 x 14 = ...	7 x 15 = ...	7 x 15 = ...	**7 x 17 = 119**

2 Range les nombres du plus petit au plus grand.

12 701 1 271 10 271
1 071 12 071 12 710

3 Le chiffre des centaines de D est plus grand que celui de C.
Range ces quatre nombres du plus petit au plus grand.

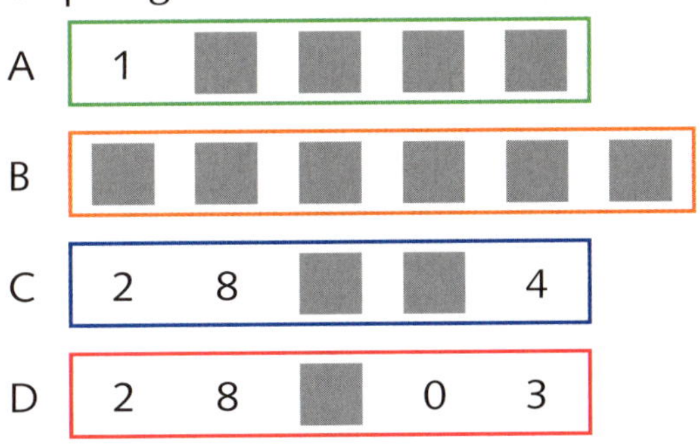

4 Avec 6 1 5 0 7 écris :

a. le plus grand nombre possible avec ces 5 chiffres.

b. le plus grand nombre possible en choisissant 4 de ces chiffres.

c. le plus petit nombre possible en choisissant 4 de ces chiffres.

5 **Travail sur fiche bilan.**
Trace les cercles selon les indications données.

6 **a.** Je suis le cercle de centre B qui passe par le point C.
Quelle est ma couleur ?

b. Je suis le cercle de centre B et de rayon 2 cm.
Quelle est ma couleur ?

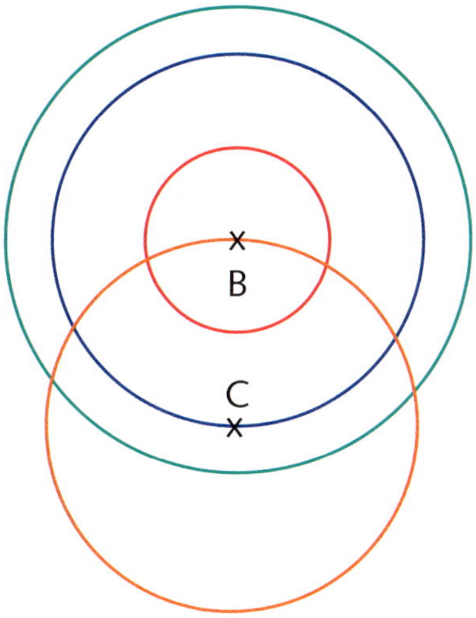

7 Quelles étiquettes correspondent aux mêmes contenances ?

100 ml 50 ml 100 cl
6 cl 60 ml 1 l
10 cl 5 cl

8 Voici des étiquettes collées sur certains récipients.

40 cl 120 cl 50 ml
500 ml 1 l

a. Quelle est la plus petite contenance ?

b. Quelle est la plus grande ?

c. Range les contenances de la plus petite à la plus grande.

Multiplication : vers le calcul posé

Exercices pour réviser les contenances

A Dans une tasse, on peut verser 10 cl de café.
Combien peut-on remplir de tasses avec un pot de 1 l de café ?

B Un « magnum » est une bouteille qui a la même contenance que 2 bouteilles de 75 cl.
Quelle est la contenance d'un magnum ?
Écris-la en litres et centilitres.

Chercher Vers la technique de la multiplication posée

1 Dimanche, Tim est monté 50 fois au sommet du phare.
Plume n'y est monté que 4 fois.
Maïa est plus courageuse. Elle est montée 54 fois au sommet du phare.
Dimanche, combien chacun a-t-il monté de marches ?

2 Mercredi, ils sont retournés au phare.
Tim est monté 80 fois au sommet du phare. Plume n'y est monté que 3 fois.
Maïa, toujours plus courageuse, est montée 83 fois au sommet du phare.
Mercredi, combien chacun a-t-il monté de marches ?

Exercices

3 Le phare du « Bout de l'Océan » a 54 marches.
Pendant les vacances, Tim est monté au sommet du phare 6 fois.
Maïa est montée 30 fois.
Anaïs, elle, est montée 36 fois.
Pendant les vacances, combien chacun a-t-il monté de marches ?

4 Anaïs est montée chaque jour au sommet du phare.
Elle est montée 45 fois.
Combien a-t-elle monté de marches ?

5 Combien y a-t-il de carreaux dans ce quadrillage ?

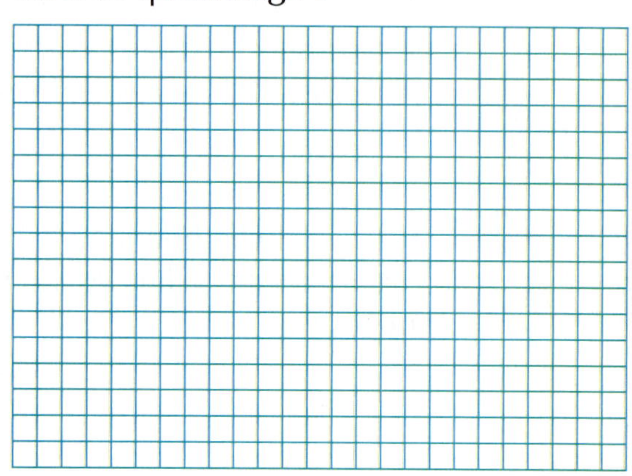

Multiplication : vers le calcul posé

Exercices pour réviser le calcul de distances

Voici un schéma avec quelques villes
et les distances entre certaines de ces villes.

A Quelle est la distance entre Paris et Auxerre ?

B Entre Beaune et Lyon, il y a 144 km.
Quelle est la distance entre Lyon et Mâcon ?

C Entre Paris et Beaune, il y a 316 km.
Quelle est la distance entre Auxerre et Avallon ?

D Quelle est la distance entre Paris et Lyon ?

Chercher — Vers la technique de la multiplication posée

1 Calcule :

a. 456 x 3 b. 456 x 60 c. 456 x 200 d. 456 x 30 e. 456 x 600

2 Utilise les résultats obtenus à la question 1 pour calculer :

a. 456 x 63 b. 456 x 33

3 Utilise les résultats obtenus à la question 1 pour calculer :

a. 456 x 603 b. 456 x 263

Exercices

4

436 x 4 = 1 744
436 x 6 = 2 616

Utilise les résultats écrits sur l'ardoise pour calculer :

a. 436 x 400
b. 436 x 60
c. 436 x 664
d. 436 x 460
e. 436 x 404
f. 436 x 604

5

207 x 3 = 621
207 x 7 = 1 449

Utilise les résultats écrits sur l'ardoise pour calculer :

a. 207 x 30
b. 207 x 700
c. 207 x 730
d. 207 x 37
e. 207 x 307
f. 207 x 703

6

637 x 40 = 25 480
637 x 300 = 191 100

Utilise les résultats écrits sur l'ardoise pour calculer :

a. 637 x 3
b. 637 x 340
c. 637 x 43
d. 637 x 400
e. 637 x 343
f. 637 x 303

7

980 x 50 = 49 000
980 x 300 = 294 000

Utilise les résultats écrits sur l'ardoise pour calculer :

a. 980 x 5
b. 980 x 30
c. 980 x 350
d. 980 x 53
e. 980 x 500
f. 980 x 503

Nombre de parts

Exercices pour réviser la reproduction de figures

A Reproduis cette figure sur une feuille de papier uni.

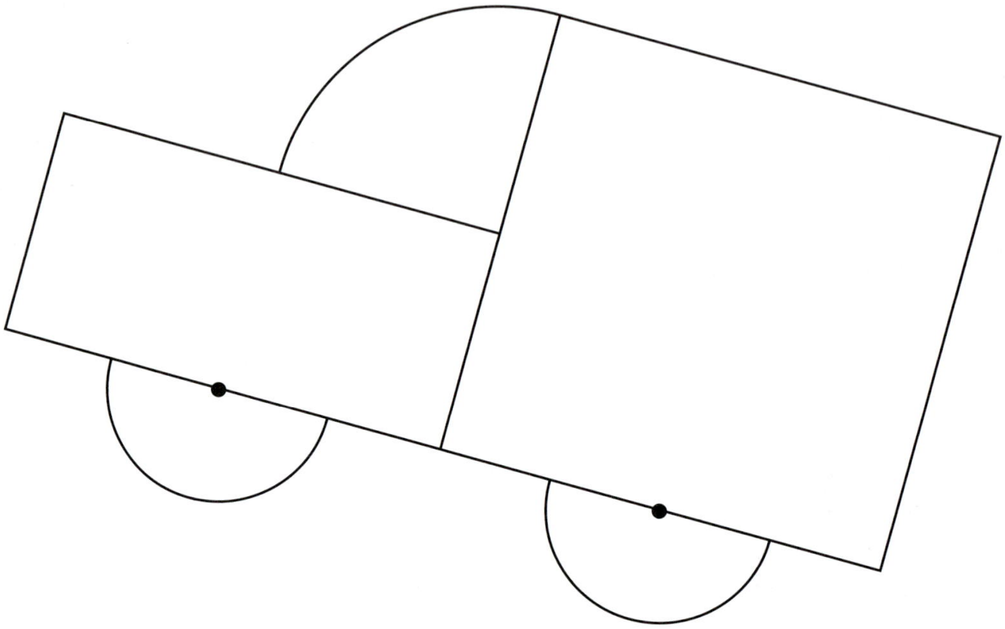

Chercher Problèmes

Pour préparer la fête de l'école, la classe a reçu de longues bandes de tissu. Plume découpe des rubans de 2 cm de long, Maïa des rubans de 10 cm de long et Tim des rubans de 100 cm de long.

1 Anaïs donne :
– une bande de 26 cm de long à Plume ;
– une bande de 70 cm de long à Maïa ;
– une bande de 200 cm de long à Tim.
Combien chacun pourra-t-il découper de rubans dans sa bande ?

2 Anaïs donne ensuite à chacun une bande de 640 cm.
Combien chacun pourra-t-il découper de rubans dans sa bande ?

3 Si Anaïs donnait à chacun une très longue bande de 2 416 cm, combien chacun pourrait-il découper de rubans ?

Exercices

4 Maïa a une bande de 250 cm.
Elle veut découper le plus possible de rubans de 10 cm de long.
Combien peut-elle en découper ?

5 Dans une bande de 507 cm de long, combien peux-tu découper de rubans de 10 cm de long ?

Égalisation de quantités

SÉANCE 5 Guide p. 265
Calcul mental :
Combien de fois … dans … ?

Problèmes

Pour tirer un traîneau, il faut 6 chiens.

A Combien faut-il de chiens pour tirer 3 traîneaux ?

B Ce matin, 12 chiens sont au départ. Combien de traîneaux peuvent partir ?

C Hier, 42 chiens étaient prêts à partir. Combien de traîneaux pouvait-on faire partir ?

D Demain, ce sera la grande course de traîneaux. Il y aura 126 chiens. Combien de traîneaux sont prévus pour cette course ?

Chercher La même quantité pour tous

1 Hier matin, nos amis sont allés ramasser des coquillages. Voici ce que chacun a ramené. Ils décident que chacun doit avoir le même nombre de coquillages. Combien chacun aura-t-il de coquillages ?

2 Aujourd'hui, la récolte a été plus importante.

De nouveau, ils souhaitent que chacun reparte avec le même nombre de coquillages. Combien chacun aura-t-il de coquillages ?

Exercices

Dans tous ces exercices, chaque enfant doit avoir le même nombre de coquillages. Combien de coquillages chacun aura-t-il ?

3 Tim a trouvé 15 coquillages, Maïa en a trouvé 25 et Zoé en a trouvé 20.

4 Tim a trouvé 12 coquillages, Maïa en a trouvé 24 et Zoé en a trouvé 12.

5 Anaïs a trouvé 25 coquillages, Tim n'en a pas trouvé, Maïa en a trouvé 15 et Zoé en a trouvé 20.

6 Anaïs a trouvé 10 coquillages, Tim en a trouvé 45, Maïa n'en a pas trouvé et Zoé en a trouvé 65.

Exercices pour réviser les calculs avec des parenthèses

A Utilise les moules à calcul suivants pour obtenir 25 comme résultat.
Trouve trois réponses pour chaque moule à calcul.

a. … x … = 25
b. … + … + … = 25
c. (… x …) + … = 25
d. (… − …) x … = 25
e. … − … = 25
f. … − (… x …) = 25

B Utilise les moules à calcul suivants pour obtenir 50 comme résultat.
Trouve trois réponses pour chaque moule à calcul.

a. … x … = 50
b. … + … + … = 50
c. (… x …) + … = 50
d. (… − …) x … = 50
e. … − … = 50
f. … − (… x …) = 50

Chercher Comparaison et mesure de masses

1 En soupesant des objets ou en utilisant une balance, trouve lequel est le plus lourd et lequel est le moins lourd.

Exercices

DICO-MATHS p. 29
Mesurer une masse

2

a. Quelle est la masse du sac bleu ?

b. Quelle est la masse du sac rouge ?

c. Pour peser le sac jaune, on utilise les masses marquées :
1 kg ; 100 g ; 50 g.
Quelle est la masse du sac jaune ?

d. Des trois sacs, quel est le plus léger ? Quel est le plus lourd ?

3 Voici les masses marquées dont on dispose :

Écris les valeurs des masses marquées que l'on a utilisées pour peser :

a. un sac de 147 g

b. un sac de 605 g

Masses

Exercices pour réviser les calculs avec des parenthèses

A Utilise les moules à calcul suivants pour obtenir 100 comme résultat.
Trouve trois réponses pour chaque moule à calcul.

a. … x … = 100
b. … + … + … = 100
c. (… x …) + … = 100
d. (… − …) x … = 100
e. … − … = 100
f. … − (… x …) = 100

B Utilise les moules à calcul suivants pour obtenir 60 comme résultat.
Trouve trois réponses pour chaque moule à calcul.

a. … x … = 60
b. … + … + … = 60
c. (… x …) + … = 60
d. (… − …) x … = 60
e. … − … = 60
f. … − (… x …) = 60

Chercher Calcul de masses

1

Quels sacs faut-il placer sur le plateau vide pour équilibrer la balance ?
Tu peux utiliser plusieurs sacs de même masse. Trouve plusieurs solutions.

2 Quelles masses marquées faut-il placer sur le plateau vide pour équilibrer la balance ?

Exercices

DICO-MATHS p. 29
Les masses

3 Maïa a acheté des fruits.
Quelle est la masse totale des fruits achetés ?

Fraises : 400 g
Framboises : 250 g
Cerises : 500 g
Poires : 1 kg 250 g

4 a. Anaïs a besoin de 3 kg de sucre pour faire des confitures.
Le sucre est vendu en paquet de 500 g.
Combien de paquets va-t-elle acheter ?

b. Tim, lui, achète 20 paquets de sucre.
Chaque paquet contient 500 g de sucre.
Quelle masse de sucre achète-t-il ?

5 Exprime en grammes.

a. 1 kg
b. 20 kg
c. 2 kg 250 g
d. 1 kg 50 g

6 Quelle est la masse la plus lourde ?
Explique pourquoi.

a. 1 200 g ou 1 kg 200 g
b. 800 g ou 2 kg
c. 2 020 g ou 2 kg 200 g

Je prépare le bilan

Guide p. 272	Préparation	Bilan
Multiplication posée	Extrait 1	Exercice
Nombre de parts	Extrait 2	Exercice
Reproduction de figures	Extrait 3	Exercice
Masses	Extrait 4	Exercices

Lis ces extraits de problèmes que tu as eu à résoudre dans l'unité 12 et réponds à la question.
Tu pourras ensuite dire ce que tu as bien compris et ce qui reste difficile pour toi.

Extrait 1

1. Calcule.

a. 456 x 3
b. 456 x 60
c. 456 x 200
d. 456 x 30
e. 456 x 600

2. Utilise les résultats obtenus à la question 1 pour calculer :

a. 456 x 603
b. 456 x 263

QUESTION

Peux-tu expliquer les différentes étapes du calcul d'une multiplication posée ?

Extrait 2

Pour préparer la fête de l'école, la classe a reçu de longues bandes de tissu.
Anaïs donne à chacun une bande de 640 cm.
Plume découpe des rubans de 2 cm de long,
Maïa des rubans de 10 cm de long
et Tim des rubans de 100 cm de long.

Combien de rubans chacun peut-il découper dans sa bande ?

QUESTION

Quelles méthodes utilises-tu pour répondre à cette question ?

Extrait 3

Reproduis cette figure sur une feuille de papier uni.

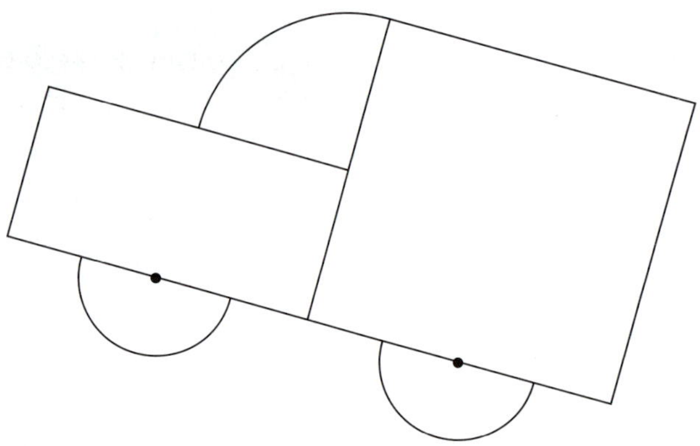

QUESTIONS

Comment fais-tu pour reproduire une figure comme celle-ci ?
Quelles sont les différentes étapes de ton travail ?

Extrait 4

Pour peser le sac jaune, on utilise les masses marquées suivantes :
1 kg ; 100 g ; 50 g.

Quelle est la masse du sac jaune ?

QUESTIONS

Comment connaître la masse d'un objet ?
Comment faire pour exprimer cette masse en grammes ?

Je fais le bilan

À la suite de cette évaluation, les élèves peuvent compléter leur bilan de compétences (→ matériel photocopiable)

1 Calcule.

a. 56 x 38 **b.** 75 x 62 **c.** 208 x 43

2 **a.** Une machine a fabriqué 2 450 stylos.
Combien peut-on faire de paquets de 10 stylos ?

b. Une autre machine a fabriqué 3 026 stylos.
Combien peut-on faire de paquets de 100 stylos ?

3 Reproduis cette figure sur une feuille de papier uni.

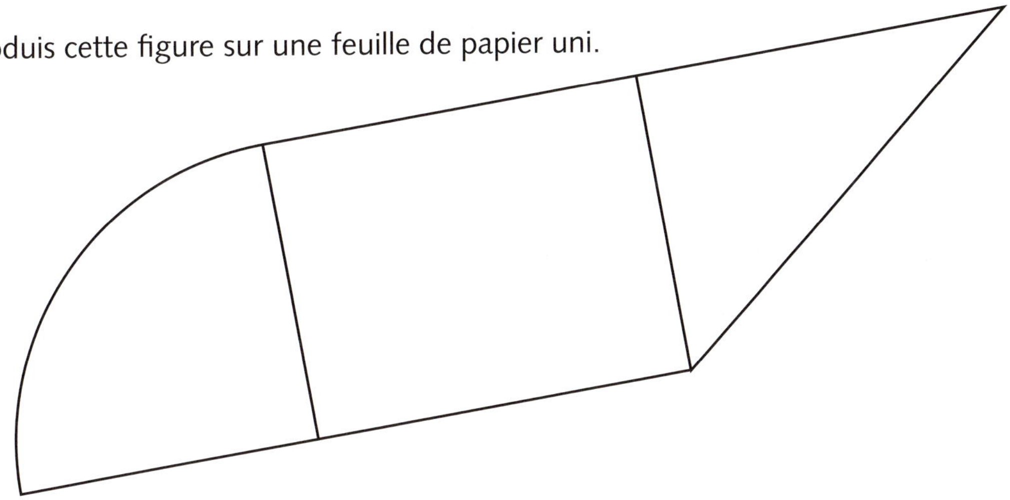

4 **a.** Pour peser le sac rouge, on utilise ces masses marquées :

Quelle est la masse du sac rouge ?

b. Pour peser le sac bleu, on utilise les masses marquées :

Quelle est la masse du sac bleu ?

c. Quel est le sac le plus lourd ?

5 Tim achète 2 kg 500 g de pommes de terre et 500 g de carottes.
Quelle est la masse totale des légumes achetés ?

Exercices complémentaires

Nombres

1 Complète cette grille.

	a	b	c	d	e	f
A				■		
B					■	
C						■
D		■				
E	■		■			
F			■			

Horizontalement
A. 400 + 70 + 5 / Quatre-vingt-deux
B. Plus grand que 5 000
C. (1 x 100) + 3 + (3 x 10 000)
D. (34 x 100) + 9
E. Juste après 299
F. Soixante-dix / Plus grand que 900

Verticalement
a. 4 000 + 30 + 500
b. Sept cents / Quatre-vingt-dix
c. (50 x100) + 13
d. (70 x 1 000) + (3 x 10) + 9 + (4 x 100)
e. 3 + 3 000
f. Vingt / Juste avant 910

Calcul

2 Avec ces moules à calcul, écris 36 de plusieurs manières :

.... + ...
.... x ....
(... x ...) + ...
(... x ...) + (... + ...)
... – (... x ...)
(... – ...) x ...
(... x ...) – (... + ...)

3 Complète.
a. 43 = (... x 5) + 3
b. 52 = (... + 10) – (5 x 2)
c. 63 = 7 x (12 – ...)
d. 56 = (2 + ...) x (9 – ...)
e. 100 = (7 x ...) + (10 x ...)

4 Complète.

x						
	21				27	24
				0		
			36			
		35				
	42		24		54	
		5				
	35			10		
						64

5 Complète.

a.

			.	.
x			8	7
		6	.	9
	6	.	.	.
	.	.	.	.

b.

			.	8	.
x				3	6
		.	.	.	.
	1	4	.	9	0
	.	.	.	.	.

6 Vérifie ces calculs et corrige les erreurs.

a.

			6	3	8
x				4	7
		4	4	1	6
	2	4	5	2	0
	2	8	9	3	6

b.

		7	3	2
x			6	3
	2	1	9	6
	4	3	9	2
	6	5	8	8

Problèmes

7 **dix** **cinq** **mille** **cent(s)** **quarante** **quatre**

a. Avec ces mots, écris le plus possible de nombres, en lettres puis en chiffres.
b. Écris ensuite ces nombres en les rangeant du plus grand au plus petit.

8 Une machine fabrique 14 535 feuilles par heure.
a. Elle fonctionne 10 heures par jour. Combien fabrique-t-elle de feuilles par jour ?
b. Ces feuilles sont mises par paquets de 100 feuilles. Combien de paquets complets peut-on réaliser chaque jour ?
c. Combien d'heures doit-elle fonctionner pour fabriquer 2 000 paquets de feuilles ?

Géométrie

9 Sur une feuille de papier uni, trace un segment de longueur 7 cm.
Trace un cercle de rayon 3 cm. Son centre est une des deux extrémités du segment.
Trace un cercle de rayon 4 cm. Son centre est l'autre extrémité du segment.

10 **a.** Quelle est la couleur du cercle qui a pour centre A et qui passe par le point C ?

b. Quelle est la couleur du cercle de centre B et de rayon 2 cm 5 mm ?

c. Écris une description du cercle noir.

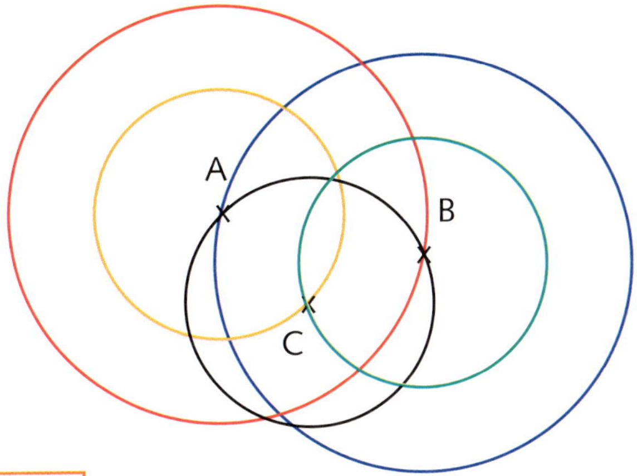

11 Reproduis cette figure sur une feuille de papier uni.

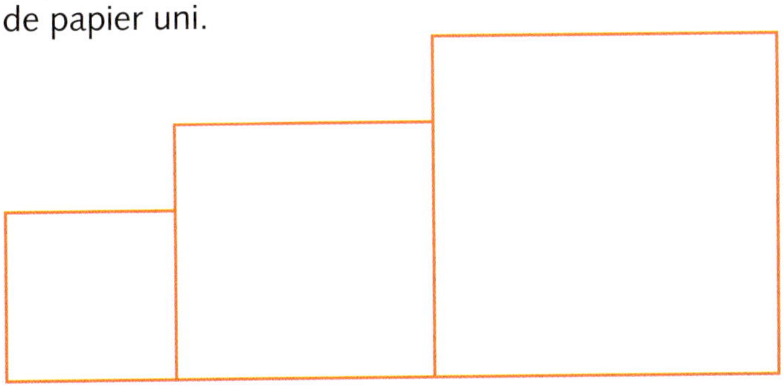

Mesure

12 Maïa regarde un film. Sa durée est de 1 h 20 min. Elle a mis en route le lecteur de DVD à 14 h 05. À quelle heure aura-t-elle fini de visionner le film ?

13 Tim joue sur sa console depuis 17 h 30.
Il est exactement 18 h 12 quand sa maman lui dit :
« Ça fait une heure que tu joues ! » A-t-elle raison ? Pourquoi ?

14 Maïa fait un punch en mélangeant 10 cl de sucre de canne, 1 l de jus d'orange et 25 cl de jus de citron. Quelle quantité de punch a-t-elle préparée ? Exprime-la en cl.

15 Combien peut-on remplir de pots de 200 g avec 10 kg de confiture ?

16 Avec 30 kg de pâtes de fruits, combien peut-on faire de paquets de 250 g ?

17 Maïa a commandé 500 paquets de sucre. Chaque paquet pèse 500 g.
Quelle masse de sucre a-t-elle commandée ?

Poète et géomètre

Eugène Guillevic est un poète français, né en 1907 et mort en 1997. Il a l'art de rendre féeriques les objets. Dans les poèmes suivants, extraits d'un recueil intitulé « Euclidiennes », il décrit des objets géométriques.

perpendiculaire

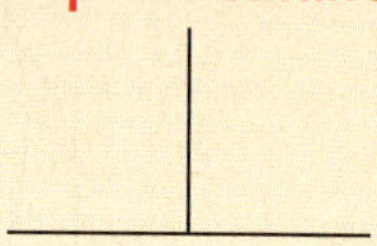

Facile est de dire
Que je tombe à pic.

Mais c'est aussi sur moi
Que l'autre tombe à pic.

triangle rectangle

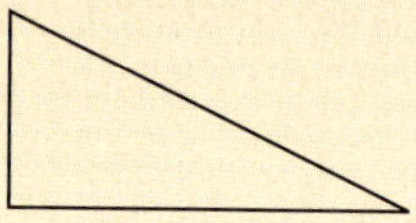

J'ai fermé l'angle droit
Qui souffrait d'être ouvert
En grand sur l'aventure.

Je suis une demeure
Où rêver est de droit.

Guillevic, *Du domaine-Euclidiennes*, Gallimard, Paris, 1967.

→ *Dessine un carré et écris une description poétique du carré.*

Peintre et géomètre

Les figures géométriques simples comme le carré ont influencé un certain nombre de peintres du XXe siècle.

Josef Albers, *Affectionate* (Hommage au carré), 1954.

Josef Albers est un artiste allemand décédé en 1976. Sa méthode consiste à varier les couleurs autour d'un modèle géométrique (ici, un carré).

→ *À ton tour, découpe des carrés de différentes tailles, de différentes matières (papier, carton ou papier calque) ou de différentes couleurs.*
Colorie-les à la craie, à l'encre ou à la gouache.
Dispose ces carrés comme tu le souhaites sur une feuille pour faire une composition à la manière de Josef Albers.

Le jeu des carrés

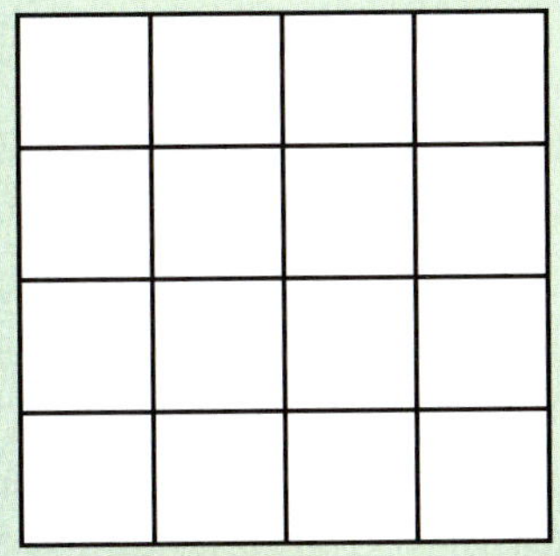

Ce jeu se joue à deux.

Le matériel

– Un carré de 4 x 4 cases.
– Huit jetons blancs et huit jetons noirs.

Le but du jeu

Placer ses jetons en évitant que 4 jetons d'une même couleur forment les sommets d'un carré.

La règle du jeu

Un joueur a les jetons blancs, l'autre joueur a les jetons noirs.
On tire au sort celui qui débute la partie.
Le premier joueur pose un de ses jetons sur une case du carré.
À son tour, le deuxième joueur pose un de ses jetons sur une case du carré qui n'est pas encore occupée. Ainsi de suite, chaque joueur pose à tour de rôle un jeton.
Le jeu s'arrête :
– quand un joueur a placé quatre de ses jetons qui forment les sommets d'un carré ; ce joueur est le perdant ;
– ou quand les deux joueurs n'ont plus de jetons ; la partie est alors nulle.

Voici 3 exemples de parties perdues par les noirs.

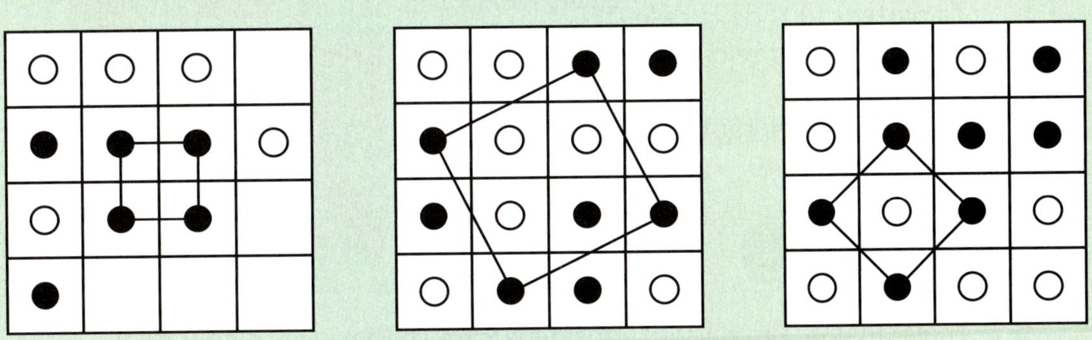

Multiplication : aspect ordinal

Problèmes

Pour répondre à ces questions, tu ne dois ni poser de multiplication, ni utiliser la calculatrice.

Pour la fête de l'école, il faut préparer des pochettes de 25 images.

A Plume a préparé 2 pochettes, Maïa a préparé 10 pochettes et Tim a préparé 11 pochettes.
Combien d'images chacun a-t-il déjà utilisées ?

B Combien faudra-t-il d'images pour préparer :
a. 12 pochettes ?
b. 20 pochettes ?
c. 21 pochettes ?
d. 100 pochettes ?
e. 101 pochettes ?
f. 120 pochettes ?

C Il faut aussi préparer des sachets de 32 bonbons.
Combien faudra-t-il de bonbons pour préparer :
a. 2 sachets ?
b. 10 sachets ?
c. 12 sachets ?
d. 100 sachets ?
e. 110 sachets ?
f. 112 sachets ?

Chercher Combien de sauts ?

1 Tim a-t-il raison ? S'il a raison, combien devra-t-il faire de sauts pour rejoindre Plume à la case 24 ?

2 Maïa et Piaf pourront-ils rejoindre Plume à la case 24 ? Si oui, combien de sauts devront-ils faire chacun ?

3 Plume attend ses amis sur la case 40. Piaf saute de 5 en 5. Maïa saute de 8 en 8 et Tim saute de 12 en 12. Ils partent tous de la case 0. Qui va pouvoir rejoindre Plume ?

4 Trouve d'autres sauts possibles pour arriver à 40.

Exercices

5 Maïa, Piaf et Tim partent tous de la case 0. Maïa saute de 8 en 8, Piaf saute de 6 en 6 et Tim saute de 2 en 2.
a. Qui arrivera sur la case 60 ? En combien de sauts ?
b. Qui arrivera sur la case 120 ? En combien de sauts ?

Multiplication : aspect ordinal

Exercices pour réviser le calcul mental

2 4 5 6 8 10

A En utilisant trois de ces nombres, les signes +, –, x et des parenthèses, tu dois obtenir le nombre 26. Trouve au moins trois solutions différentes. Pour chaque solution, tu ne peux utiliser qu'une seule fois chaque nombre.

B Même question, mais il faut obtenir le nombre 48.

Chercher Problèmes

Maïa et Tim partent de la case 0.
Maïa fait des sauts de 6 en 6.
Tim fait des sauts de 4 en 4.

1 Ils veulent se retrouver entre les cases 40 et 70.
Sur quelles cases peuvent-ils se retrouver ?
Pour chaque case possible, indique le nombre de sauts que chacun doit faire pour y arriver.

2 Ils veulent maintenant se retrouver entre les cases 220 et 250.
Sur quelles cases peuvent-ils se retrouver ?
Pour chaque case possible, indique le nombre de sauts que chacun doit faire pour y arriver.

Exercices

3 Quels sont les sauts possibles pour arriver à la case 18, en partant de 0 ?

4 Quels sont les sauts possibles pour arriver à la case 60, en partant de 0 ?

5 Piaf et Plume partent tous les deux de 0.
Ils décident de se retrouver sur la case 56.
Ils ne veulent pas faire les mêmes sauts.
Quels sauts Piaf et Plume peuvent-ils faire ?
Combien chacun doit-il faire de sauts ?

6 Maïa, Plume et Tim décident de se retrouver sur une même case située entre les cases 80 et 100.
Ils partent de la case 0.
Maïa fera des sauts de 9 en 9,
Plume des sauts de 6 en 6
et Tim des sauts de 3 en 3.
Sur quelles cases peuvent-il se retrouver ?

Multiplication : aspect ordinal

Exercices pour réviser le calcul de multiplications posées

A Calculer.

a. 59 x 6
b. 458 x 15
c. 605 x 34
d. 753 x 208

B Complète.

a.

		.	5
x			.
	2	7	0

b.

			4	5	3
x				3	.
		.	.	.	1
	.	.	.	.	.
	.	.	.	.	.

c.

		3	.	5
	x		.	6
	1	.	5	0
	9	.	.	0
1	1	7	0	0

Exercices Problèmes

1 En partant de la case 0, sur quelle case arriveras-tu :

a. en faisant 6 sauts de 9 en 9 ?
b. en faisant 10 sauts de 5 en 5 ?
c. en faisant 6 sauts de 30 en 30 ?
d. en faisant 30 sauts de 4 en 4 ?
e. en faisant 15 sauts de 24 en 24 ?
f. en faisant 28 sauts de 35 en 35 ?

2

8 x 12 = 96
6 x 16 = 96

Utilise les résultats de l'ardoise pour compléter cette phrase de quatre façons différentes.

« En partant de la case 0, pour arriver à 96, on peut faire ... sauts de ... en ... »

3 En partant de 0 et en faisant des sauts de 4 en 4, quelles sont toutes les cases par lesquelles on passe :

a. entre les cases 30 et 60 ?
b. entre les cases 110 et 130 ?

4 Tim et Maïa partent tous les deux de la case 0.
Tim fait des sauts de 4 en 4 et Maïa des sauts de 5 en 5.
Ils décident de se retrouver entre la case 30 et la case 50.
Sur quelle case pourront-ils se retrouver ?

5 Tim et Maïa partent tous les deux de 0.
Tim fait des sauts de 4 en 4 et Maïa des sauts de 5 en 5.
Ils décident de se retrouver entre la case 210 et la case 250.
Sur quelles cases pourront-ils se retrouver ?

Problèmes de comparaison

Exercices pour réviser la mesure des masses

A Trouve la bonne réponse.

Une pomme pèse environ :	a. 2 g	b. 200 g	c. 2 kg
Thomas a huit ans, il pèse environ :	a. 30 g	b. 3 kg	c. 30 kg
Une bouteille de 1 l d'eau pèse :	a. 100 g	b. 1 kg	c. 10 kg
Un trombone pèse environ :	a. 1 g	b. 100 g	c. 1 kg

B Voici les masses de différents objets.

1 200 g | 12 kg | 12 g | 1 kg 20 g | 1 kg 200 g | 102 g | 1 020 g

Quelles sont les masses identiques ?
Range les masses de la plus légère à la plus lourde.

Chercher Comparaison et différences

Quatre géants se sont donné rendez-vous dans la forêt.
Boubou mesure 376 cm.
Il mesure 39 cm de plus que Dan.
Archibald est le plus grand.
Il mesure 48 cm de plus que Boubou. Dan mesure 63 cm de moins que Capman.

1 Retrouve le nom et la taille de chaque géant.

2 Qui est le plus grand ?
Qui est le plus petit ?
Combien le plus grand mesure-t-il de plus que le plus petit (en cm) ?

3 Entre quels géants y a-t-il la plus petite différence de taille ?

Exercices

Tim, Maïa, Piaf et Plume lisent *Robinson Crusoé*.
Tim a lu 45 pages de plus que Maïa.
Plume a lu 95 pages.
Il en a lu 19 de plus que Maïa.
Tim, lui, a lu 30 pages de moins que Piaf.

4 Combien chacun a-t-il lu de pages ?

5 Combien Piaf a-t-il lu de pages de plus que Maïa ?

Exercices pour réviser la lecture de plan

A Sur le plan de l'école qui t'a été distribué, figurent des numéros.
Indique ce qui, dans la réalité, correspond à chaque emplacement.

B Le maître t'indique un lieu et la lettre pour le désigner.
Place cette lettre au bon endroit sur le plan.

Chercher Avec une calculatrice

Utilise une calculatrice pour effectuer les calculs.
Écris tous les calculs que tu fais et indique ce qu'ils te permettent d'obtenir.

1 L'école a reçu 975 euros pour organiser un voyage.
On sait que deux classes partiront. 47 élèves prendront le train.
Pour chaque élève, le billet de train coûte 15 euros.
9 adultes accompagneront les élèves pendant le voyage.
Pour chaque adulte, le billet coûte 18 euros.
Combien restera-t-il d'argent lorsqu'on aura payé tous les billets ?

2 Calcule : **a.** (124 x 32) + 145
124 x (32 + 145)

b. (345 – 23) x 15
345 – (23 x 15)

Exercices

Utilise une calculatrice pour effectuer les calculs.

3 Calcule :
a. (634 + 78) x 15
634 + (78 x 15)
b. (905 x 235) – 234
905 x (235 – 234)

4 Dans un cinéma, il y a 42 rangées de 35 fauteuils. Le prix des places est de 7 € pour les adultes et de 4 € pour les enfants.
Mercredi soir, à la séance de 19 h, il y a eu 862 entrées.
La caissière a vendu 268 billets pour les enfants.
Quelle somme d'argent la caissière a-t-elle encaissée à la séance de 19 h ?

5 Voici les populations de quelques communes en 1990 et 1999.

Commune	Population en 1990	Population en 1999	Variation : ↑ augmentation ↓ diminution
Arandas	128	135	↑ 7
Bourg-en-Bresse	40 972	40 666	...
Coligny	...	1 117	↓ 26
Gex	6 615	...	↑ 1 118
Nantua	...	3 902	↑ 300
Souclin	197	221	...
Tenay	...	1 086	↓ 270

On sait donc si la population de chaque commune a augmenté ou diminué.
Retrouve les renseignements qui manquent.

Problèmes

A Maïa part toujours de la case 0 et elle fait des sauts réguliers.

a. Trouve tous les sauts qui lui permettent d'atteindre la case 12.
b. Trouve tous les sauts qui lui permettent d'atteindre la case 90.
c. Trouve tous les sauts qui lui permettent d'atteindre la case 23.

Chercher Photos et dessins de polyèdres

Voici des photographies des polyèdres disposés dans la classe.

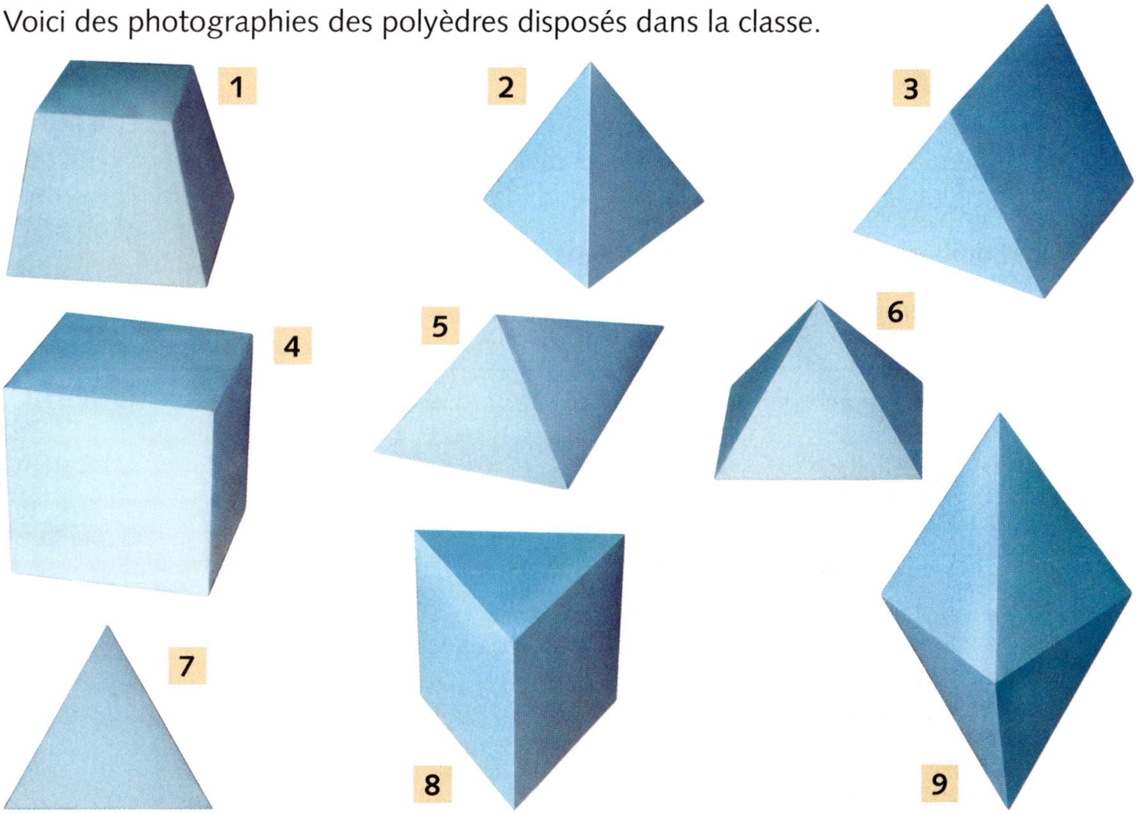

1 a. Écris la ou les lettres des polyèdres de la classe qui correspondent à chacune des photographies 1 et 2.

b. Même question pour les photographies 3 à 9.

2 Trouve les dessins qui peuvent être ceux d'un cube.

1 2 3 4 5

Je prépare le bilan

Guide p. 294	Préparation	Bilan
Multiplication : aspect ordinal	Extrait 1	Exercice 1
Comparaison et différence	Extrait 2	Exercice 2
Lecture de plan	Extrait 3	Exercice 3
Représentation de polyèdres	Extrait 4	Exercice 4

Lis ces extraits de problèmes que tu as eu à résoudre dans l'unité 13 et réponds à la question.
Tu pourras ensuite dire ce que tu as bien compris et ce qui reste difficile pour toi.

Extrait 1

Plume attend ses amis sur la case 40.
Ils partent tous de la case 0. Piaf saute de 5 en 5.
Maïa saute de 8 en 8 et Tim saute de 12 en 12.

Qui va pouvoir rejoindre Plume ?

QUESTION

Comment peux-tu vérifier qu'il est possible d'arriver sur la case 40 en faisant des sauts de 8 et en partant de 0 ?

Extrait 2

Tim a lu 45 pages de plus que Maïa.
Plume a lu 95 pages. Il en a lu 19 de plus que Maïa.
Tim, lui, a lu 30 pages de moins que Piaf.

Combien chacun a-t-il lu de pages ?

Combien Piaf a-t-il lu de pages de plus que Maïa ?

QUESTION

Quelles méthodes utilises-tu pour répondre à ces questions ?

Extrait 3

QUESTION

Comment faire pour se servir d'un plan ?

Extrait 4

Quelles photographies peuvent être celles d'une pyramide ?

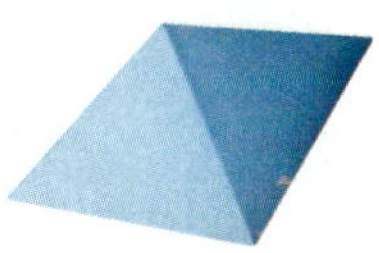

5

6

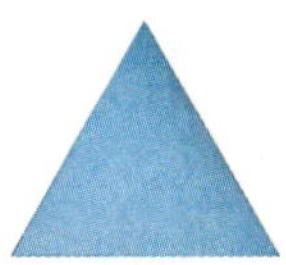

7

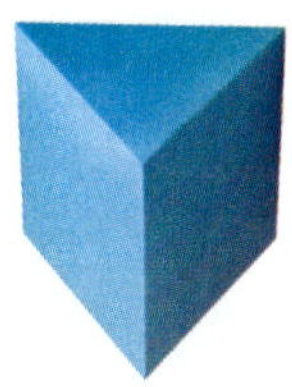

8

QUESTION

Des différences existent entre un polyèdre et sa photographie. Quelles sont-elles ?

Je fais le bilan

À la suite de cette évaluation, les élèves peuvent compléter leur bilan de compétences (→ matériel photocopiable)

1 Maïa fait des sauts de 3 en 3. Plume fait des sauts de 5 en 5.
Tim fait des sauts de 7 en 7. Tous les trois partent de la case 0.

a. Sur quelle case Maïa et Plume se rencontreront-ils entre les cases 72 et 84 ?

b. Sur quelle case Plume et Tim se rencontreront-ils entre les cases 68 et 92 ?

c. Sur quelle case Maïa et Tim se rencontreront-ils entre les cases 58 et 67 ?

2 Alex, Babette, Cyrille, Dany et Éric sont 5 enfants d'une même famille.
Babette et Dany sont sœurs jumelles.
Cyrille a 3 ans de plus que Babette et 2 ans de moins qu'Alex.
Éric a 13 ans, c'est-à-dire un an de plus qu'Alex.

Quels sont les âges de Babette, Cyrille, Dany et Alex ?

3 Sur le plan distribué par le maître, indique ce qui, dans la réalité, correspond à chaque emplacement repéré par un numéro.

4 Quelles photographies peuvent être celles d'un cube ?

1

2

3

4

5

Longueurs en km et m

Problèmes

A Complète la facture.

Article	Quantité	Prix à l'unité	Prix à payer
Table	26	36 €	...
Chaise	26	15 €	...
		Total	...

B M. Charles est allé à la jardinerie pour faire des achats.
Il a choisi 3 pelles à 13 € pièce,
24 petits pots à 4 € pièce
et 35 arbustes à 12 € l'un.
Établis une facture puis complète-la.

Chercher Calcul de distances

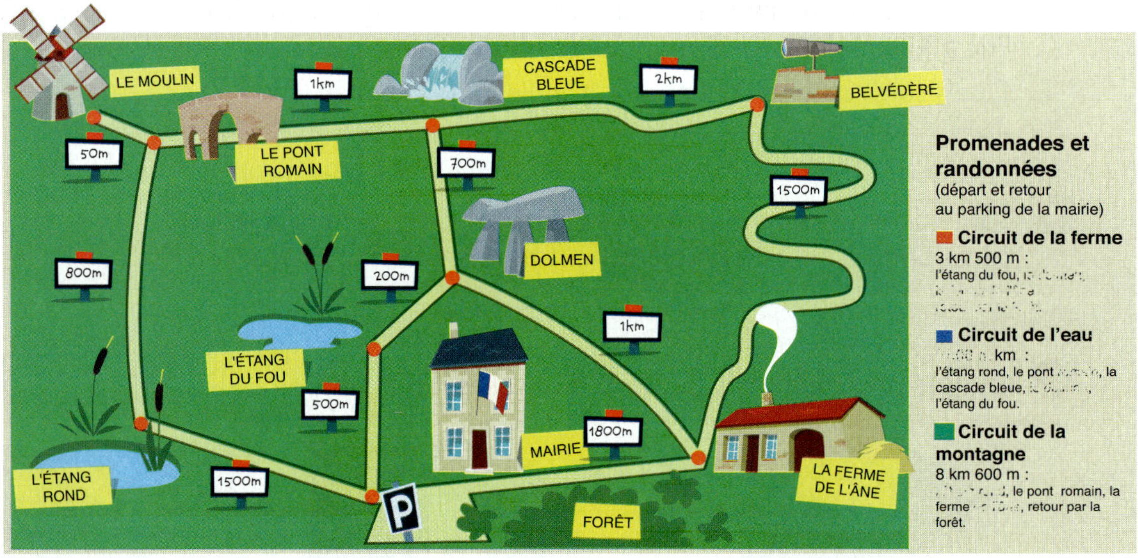

1 Tim part du parking pour aller visiter le moulin. Quelle distance doit-il parcourir ?

2 Les circuits proposés empruntent des chemins dessinés sur le plan, mais les informations sont en partie effacées.
Écris les étapes du circuit de la ferme, puis celles du circuit de la montagne.

3 Maïa dit que le circuit de l'eau fait 5 km. Es-tu d'accord avec elle ?

Exercices

4 Pour aller de sa maison à l'école, Clara passe par un grand carrefour. De sa maison à l'école, il y a 1 km 200 m et du carrefour à l'école il y a 700 m.
Quelle est la distance entre la maison de Clara et le carrefour ?

5 Complète.
a. 2 km = ... m
b. 20 km = ... m
c. 4 km 550 m = ... m
d. 4 km 55 m = ... m
e. 6 382 m = ... km ... m
f. 40 000 m = ... km

Nombre de parts

Exercices pour réviser les unités de longueur

A Maïa va de Capterre à Capville en vélo.
La distance entre ces deux villes est de 12 km.
Son pneu crève 1 800 m avant d'arriver à Capville.
Quelle distance a-t-elle parcourue ?

B Une pile de livres est constituée de 80 livres tous identiques.
Un livre a une épaisseur de 15 mm.
Quelle est la hauteur de la pile ?

C Écris en mètres :

a. 300 cm
b. 4 km
c. 2 000 mm
d. 1 000 cm
e. 25 km
f. 3 km 200 m

D Écris en centimètres :

a. 2 m
b. 50 mm
c. 100 mm
d. 3 m 25 cm
e. 12 m 75 cm
f. 1 m 8 cm

Chercher Combien de parts ?

Maïa découpe des rubans qui mesurent tous 6 cm de long.
Dans chaque bande de tissu, elle doit découper le plus possible de rubans.

1 Maïa a une bande rouge de 32 cm.
Combien de rubans peut-elle y découper ?

2 Elle a une bande bleue de 67 cm.
Combien de rubans peut-elle y découper ?

3 Elle a une bande jaune de 248 cm.
Combien de rubans peut-elle y découper ?

Exercices

4 Dans une bande verte de 78 cm, combien de rubans de 6 cm Maïa peut-elle découper ?

5 Dans une bande blanche de 200 cm, combien de rubans de 6 cm Maïa peut-elle découper ?

6 Dans une bande, Maïa a découpé 9 rubans de 6 cm chacun.
À la fin, il lui reste un petit ruban de 4 cm de long.
Quelle était la longueur de la bande ?

7 Dans un mini-car, on peut installer 8 passagers.
Combien faut-il prévoir de mini-cars pour emmener 54 passagers en promenade ?

8 Pour un grand jeu dans la cour, les 52 élèves des 2 classes de CE1 et de CE2 s'organisent en équipes de 7 élèves.
Les élèves qui ne feront pas partie d'une équipe seront arbitres.
Combien y aura-t-il d'arbitres ?

Nombre de parts

SÉANCE 3 Guide p. 303
Calcul mental :
Tables de multiplication

Exercices pour réviser les figures superposables

A Quelles figures sont superposables à la figure bleue ?
Note leurs numéros sur ton cahier.

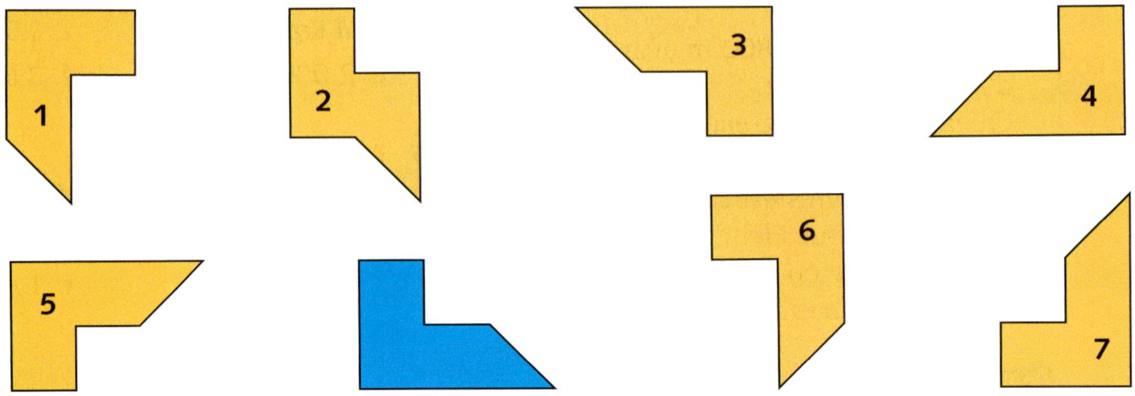

Chercher Combien de parts ?

Tim découpe des rubans qui mesurent 15 cm de long.
Dans chaque bande de tissu, il doit découper le plus possible de rubans.

1 Tim a une bande rouge de 37 cm.
Combien de rubans peut-il y découper ?

2 Il a une bande bleue de 175 cm.
Combien de rubans peut-il y découper ?

3 Il a une bande jaune de 500 cm.
Combien de rubans peut-il y découper ?

Exercices

4 Tim a découpé 6 rubans de 15 cm chacun, dans une bande. À la fin, il lui reste un petit ruban de 10 cm.
Quelle était la longueur de la bande ?

5 Dans une bande de 110 cm, combien de rubans de 25 cm peux-tu découper ?

6 Dans une bande de 754 cm, combien de rubans de 25 cm peux-tu découper ?

7 Le circuit du train électrique de Tim mesure exactement 12 m.
a. Tim lance le train qui fait 13 tours de circuit.
Quelle distance le train a-t-il parcourue ?
b. Maïa demande à Tim :
« Si ton train parcourt 350 m, à quelle distance du panneau "Départ" se trouvera-t-il lorsqu'il s'arrêtera ? »

Nombre de parts

Exercices pour réviser le calcul de multiplications posées

A Calcule.

a. 77 x 8 b. 4 056 x 23 c. 807 x 19 d. 568 x 450

B Complète.

a.

	.	8
x		.
3	9	0

b.

	3	5	7
x		1	.
.	.	.	6
.	.	.	.
.	.	.	.

c.

		4	.	.
	x		4	5
	.	.	4	5
1	6	.	6	0
.	.	.	.	.

Chercher Combien de parts ?

1 Maïa découpe des rubans qui mesurent tous 6 cm dans une bande de tissu. Cette bande mesure 1 575 cm. Combien de rubans peut-elle y découper ?

2 Tim découpe dans une bande de tissu des rubans qui mesurent tous 15 cm. Cette bande mesure aussi 1 575 cm. Combien de rubans peut-il y découper ?

3 Réponds à chaque question, écris tous tes calculs.

a. Combien y a-t-il de fois 8 dans 48 ?
b. Combien y a-t-il de fois 8 dans 90 ?
c. Combien y a-t-il de fois 8 dans 820 ?
d. Combien y a-t-il de fois 25 dans 200 ?
e. Combien y a-t-il de fois 25 dans 500 ?
f. Combien y a-t-il de fois 25 dans 310 ?

Exercices

4

a. En mettant bout à bout des rubans de 4 cm, peut-on réaliser un serpentin de 38 cm ?
b. En mettant bout à bout des rubans de 6 cm, peut-on réaliser un serpentin de 38 cm ?
c. En mettant bout à bout des rubans de 4 cm et des rubans de 6 cm, trouve toutes les façons de réaliser un serpentin de 38 cm.

5 Est-il possible de fabriquer un serpentin de 27 cm de long en mettant bout à bout des rubans de 4 cm et des rubans de 6 cm ?

6 Maïa met bout à bout des rubans de 4 cm et des rubans de 6 cm. Elle veut fabriquer tous les serpentins possibles qui ont une longueur comprise entre 40 cm et 50 cm. Trouve toutes les solutions possibles. Pour chacune, indique combien Maïa doit prendre de rubans de chaque sorte.

Problèmes

A Une fermière a 25 œufs.
Elle les met dans des boîtes de 6 œufs.
Combien de boîtes peut-elle remplir ?

B Hier, Maïa a acheté 5 carnets de 10 timbres et une plaque de 100 timbres.
Combien de timbres a-t-elle achetés ?

C Pour faire un petit livre, Silam prend 5 feuilles.
Il les plie en deux puis il les agrafe ensemble sur les plis.
Combien de pages son livre a-t-il ?

Chercher Diagrammes

1 **a.** Avec tes camarades, fais une enquête pour savoir quels sports vous pratiquez : faites une liste des noms des élèves de la classe puis, pour chaque élève, écrivez le (ou les) sport(s) qu'il pratique comme dans l'exemple.

exemple

Noms	Sports
ARAT Sophie	Danse, judo
AXILO Jeremy	Judo, foot, tennis
BRAT Axel	Foot, natation
...	...

b. Rassemblez ensuite les résultats de l'enquête dans un tableau comme celui que l'on a commencé :

exemple

Sport	danse	judo	foot	...
Nombre d'élèves	4	8	10	...

2 Sur du papier quadrillé, construis maintenant des colonnes de couleur comme dans l'exemple.
Choisis une couleur par sport.
Pour chaque sport, colorie autant de cases qu'il y a d'élèves qui le pratiquent.

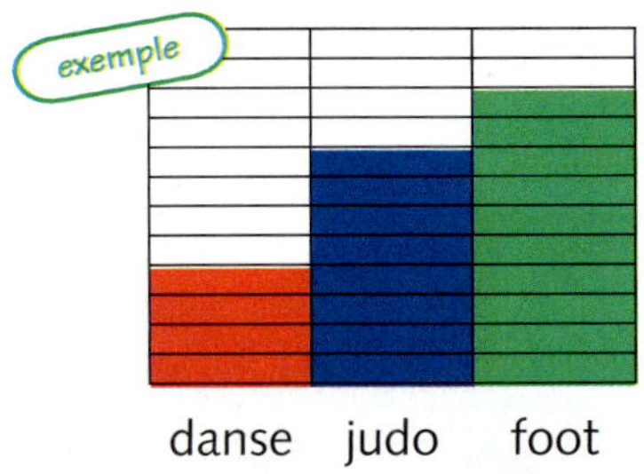

Exercices

3 Voici un tableau qui indique les températures relevées pendant une semaine, tous les matins, au mois de mai.

Jour	lundi	mardi	mercredi	jeudi	vendredi	samedi	dimanche
Température en degrés	10	12	14	9	10	6	11

Construis le diagramme des températures.
Un carreau représente 2 degrés.

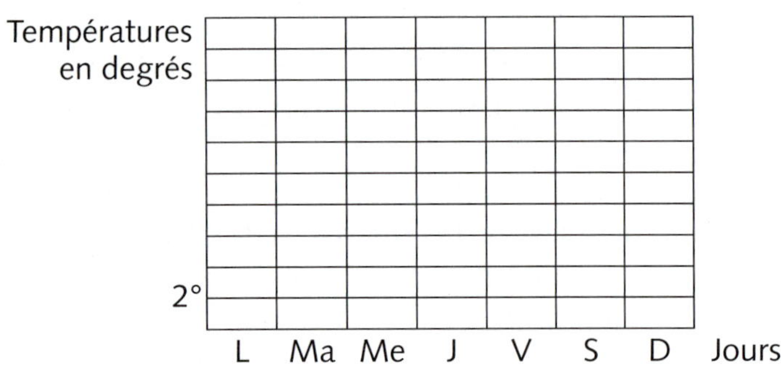

Unités de mesure

Exercices pour réviser le calcul mental

4	5	6	7	10	15

A En utilisant trois de ces nombres, les signes +, –, x et des parenthèses, tu dois obtenir le nombre 34. Trouve au moins trois solutions différentes. Pour chaque solution, tu ne peux utiliser qu'une seule fois chaque nombre.

B Même question, mais tu dois obtenir le nombre 55.

Chercher Grandeurs et unités de mesure

1 Pour ces objets, que peux-tu mesurer : la hauteur, la largeur, la longueur, la masse, la contenance ? Plusieurs réponses sont possibles. Indique, à chaque fois, dans quelle unité tu peux exprimer la mesure.

2 Quelles unités de mesure connais-tu ?
Écris des équivalences entre les unités de mesure d'une même grandeur.

Exercices

3 Quelle unité utilise-t-on pour mesurer :
a. la longueur d'une route ?
b. le poids d'une tablette de chocolat ?
c. la longueur d'un crayon ?
d. la contenance d'une bouteille ?
e. la hauteur d'une bouteille ?
f. l'épaisseur d'un trait de craie ?

4 Complète avec les unités qui conviennent (kg, g, km, m, cm, mm, l, cl, ml).
a. un paquet de 2 … de lessive.
b. une brique de 1 … de lait.
c. un chemin de 1 500 … de long.
d. un verre de 10 …
e. un pain de 500 …
f. une règle de 20 … de long.

5 Complète.
a. 2 kg = … g
b. 30 km = … m
c. 3 m = … cm
d. 2 l = … cl
e. 1 kg 500 g = … g
f. 1 km 50 m = … m
g. 1 m 5 cm = … cm
h. 2 cl = … ml

6 **a.** Pour réaliser une masse de 1 kg, que faut-il ajouter à 400 g ?
b. Pour réaliser une longueur de 1 km, que faut-il ajouter à 450 m ?
c. Pour avoir une quantité d'eau de 1 l, que faut-il ajouter à 75 cl ?

7 Maïa a acheté deux paquets de farine, un de 1 kg 500 g et l'autre de 700 g. Quelle masse totale de farine a-t-elle achetée ?

8 Maïa mélange 2 l de jus de pomme avec le jus de raisin contenu dans deux bouteilles de 75 cl chacune. Quelle quantité de jus de fruits obtient-elle ?

UNITÉ 14

Je prépare le bilan

Guide p. 316	Préparation	Bilan
Nombre de parts	Extrait 1	Exercice 1
Diagrammes	Extrait 2	Exercice 2
Figures superposables	Extrait 3	Exercice 3
Grandeurs et unités de mesure	Extrait 4	Exercices 4

Lis ces extraits de problèmes que tu as eu à résoudre dans l'unité 14 et réponds à la question.
Tu pourras ensuite dire ce que tu as bien compris et ce qui reste difficile pour toi.

Extrait 1

Dans une bande de 200 cm, combien Maïa peut-elle découper de rubans de 6 cm ?

QUESTION

Quelles méthodes sais-tu utiliser pour résoudre ce problème ?

Extrait 2

Sport	danse	judo	foot
Nombre d'élèves	4	8	10

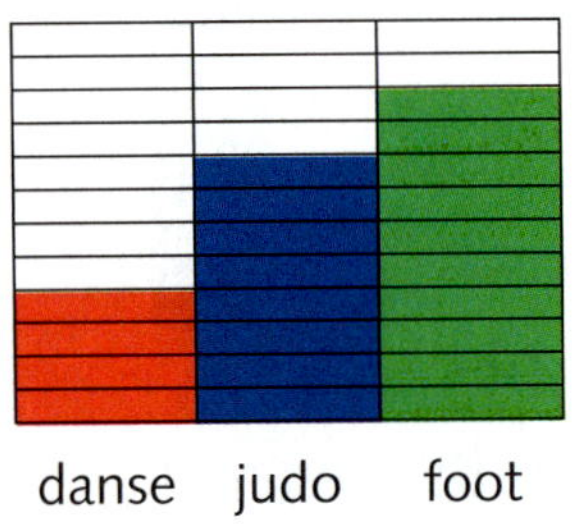

QUESTION

Comment les barres de couleur ont-elles été constuites ?

Extrait 3

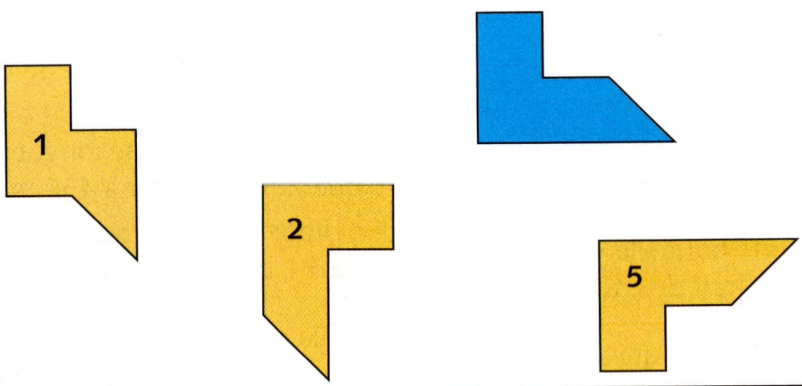

QUESTION

Comment fais-tu pour savoir si deux figures sont superposables ?

Extrait 4

Pour aller de sa maison à l'école, Clara passe par un grand carrefour.
De sa maison à l'école, il y a 1 km 200 m et du carrefour à l'école il y a 700 m.

Quelle est la distance entre la maison de Clara et le carrefour ?

QUESTIONS

Quelles unités sont utilisées pour mesurer la longueur d'une route ?
Quelle équivalence existe-t-il entre ces unités ?

Je fais le bilan

À la suite de cette évaluation, les élèves peuvent compléter leur bilan de compétences (→ matériel photocopiable)

1 Tim, Plume et Maïa font des paquets cadeaux.
Pour décorer un paquet, Tim a besoin de 9 cm de ruban, Plume de 13 cm de ruban et Maïa de 18 cm de ruban.
On donne à chacun 234 cm de ruban.
Combien de paquets chacun pourra-t-il décorer ?

2 Maïa a relevé la température affichée par un thermomètre, chaque jour à midi, au mois de mai. Elle a commencé à construire un diagramme.

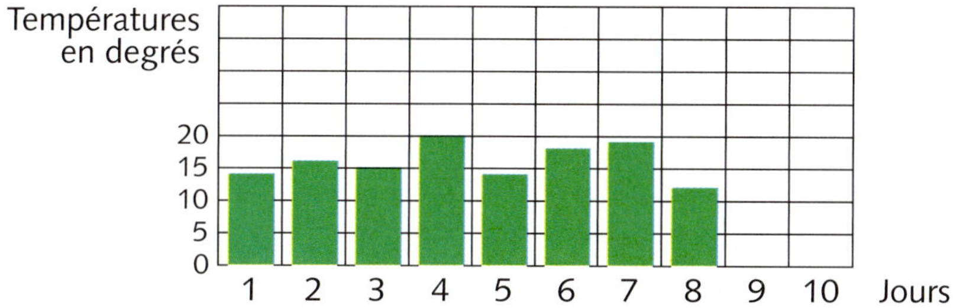

a. Entre le 1er et le 8 mai, quel jour la température a-t-elle été la plus élevée ?
b. Quel jour a-t-elle été la plus basse ?
c. Quels sont les jours où la température a été supérieure à 15° ?
d. Quels sont les jours où Maïa a relevé exactement la même température ?

3 Quelles figures sont superposables à la figure bleue ?

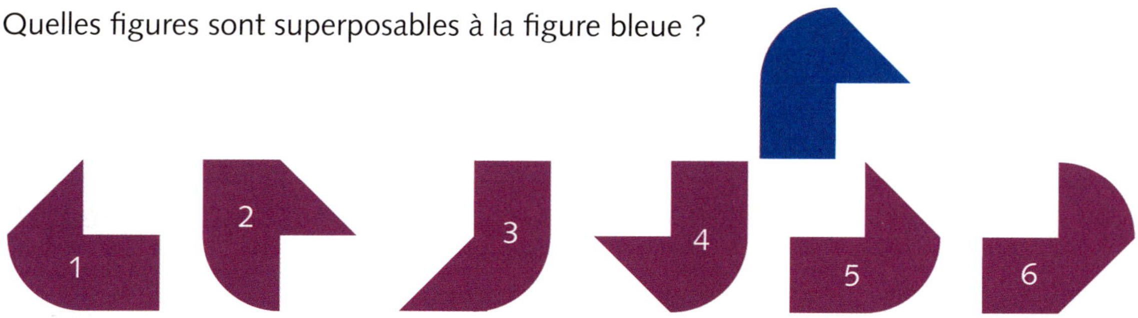

4 **a.** Un circuit de course à pied mesure 1 km 500 m.
Camille fait un tour de circuit, elle a déjà parcouru 800 m.
Combien lui reste-t-il à parcourir ?
b. Fred a fait deux tours de circuit. Quelle distance a-t-il parcourue ?

5 Complète avec l'unité qui convient :
Maïa doit parcourir 1 300 ... pour aller à l'école ; son sac est bien lourd, il pèse près de 3 ... ; pour le goûter, elle emporte une bouteille de 33 ... de jus de fruits et un paquet de biscuits de 100 ... .

UNITÉ
15

Valeur de chaque part

SÉANCE 1 **Guide p. 320**
Calcul mental :
Décomposition de 20 sous forme de produ

Exercices pour réviser la symétrie

A Maïa a tracé en bleu les symétriques de lettres et de chiffres par rapport à l'axe rouge. Elle a fait des erreurs. Retrouve-les.

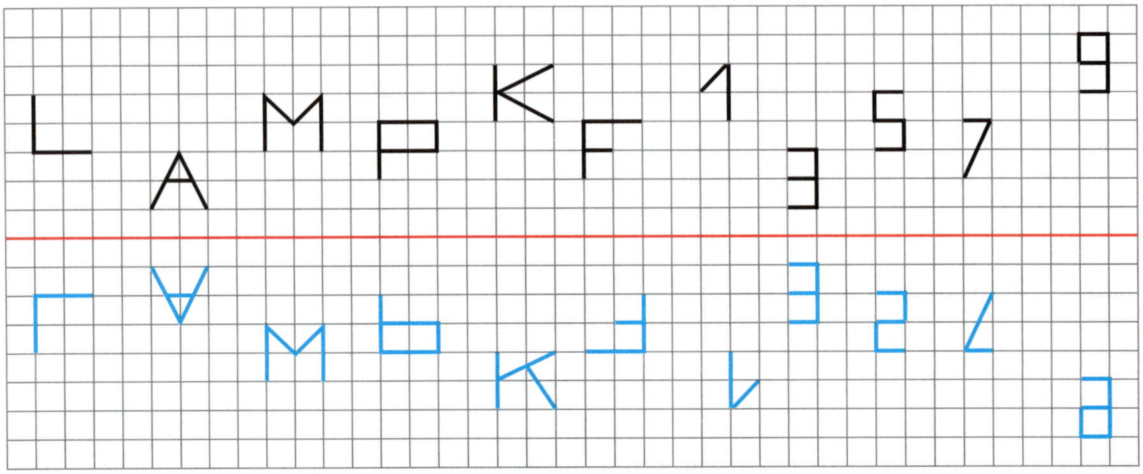

Chercher Quelle part pour chacun ?

1 Maïa, Plume, Piaf et Tim ont cueilli 24 pommes.
Ils décident de se partager la cueillette.
Chacun doit avoir le même nombre de pommes.
Dessine les paniers et écris sur les dessins le nombre de pommes que chacun aura après le partage.

2 Ces 352 pommes ont été cueillies par 6 personnes qui décident de se partager la cueillette.
Chaque personne doit avoir le même nombre de pommes.
Dessine les paniers et écris sur les dessins le nombre de pommes que chacun aura après le partage.

3 Ces 1 652 pommes ont été cueillies par 15 personnes qui décident de se partager la cueillette.
Chaque personne doit avoir le même nombre de pommes.
Combien chaque personne aura-t-elle de pommes ?
Peuvent-elles se partager toutes les pommes ?

Exercices

4 Si Maïa, Plume, Piaf et Tim se partageaient les pommes de la 2e cueillette, combien chacun en aurait-il ?

5 Si Maïa, Plume, Piaf et Tim se partageaient les pommes de la 3e cueillette, combien chacun en aurait-il ?

Valeur de chaque part

Exercices pour réviser les multiplications posées

A Calcule.

a. 408 x 9   b. 790 x 47   c. 905 x 44   d. 59 x 7 087

B Complète.

a.

	6	.
x		.
6	0	3

b.

		.	3	8
	x		7	2
		.	.	.
3	0	.	.	.
.	.	.	.	.

c.

		7	.	.
	x		3	.
	.	.	.	.
.	.	3	4	0
2	.	.	9	6

Exercices Quelle part pour chacun ?

1 « Mettez-vous sur 4 rangées. Il doit y avoir le même nombre d'élèves dans chaque rangée », dit le maître aux 30 élèves de sa classe.
Combien d'élèves vont rester seuls ?

2

Ces pirates doivent se partager 486 pièces d'or.
Combien chaque pirate recevra-t-il de pièces ?

3 Tim a reçu une boîte de 40 cubes identiques. En utilisant tous les cubes, il veut construire 5 piles de cubes de même hauteur.
Combien doit-il mettre de cubes dans chaque pile ?

4 Tim rêve qu'il a 2 000 bonbons et qu'il les partage entre 5 camarades. Ils doivent tous en avoir le même nombre.
Combien doit-il en donner à chacun ?

5 Tim range ses billes. Il en met la moitié dans 6 grandes boîtes bleues qui contiennent 28 billes chacune.
Il range les autres dans 12 petites boîtes rouges, en mettant le même nombre de billes dans chaque boîte.
Combien doit-il mettre de billes dans chaque boîte rouge ?

6 Tim et Maïa ont chacun le même nombre de photos de vacances.
Tim les range dans 8 pochettes, en en mettant 20 par pochette. À la fin, il lui en reste 4. Maïa colle les siennes dans un album en en plaçant 6 par page.
Combien de pages sont remplies ?
Combien de photos lui reste-t-il à la fin ?

7 Tim a une collection de soldats de plomb. Il en a moins de 100.
S'il les installe sur 10 rangées, il peut placer tous ses soldats.
Mais s'il les installe sur 6 rangées, il lui reste 2 soldats.
Quel peut être le nombre de soldats de la collection de Tim ?

SÉANCE 3 Guide p. 325
Calcul mental :
Calcul avec les diviseurs de 60

Exercices pour réviser la symétrie

A **Travail sur les fiches 54 et 55.**

Chercher Trois sauts pour un pas

Maïa fait des pas beaucoup plus grands que les sauts de Piaf.
Quand Maïa fait **un** pas, Piaf doit faire **trois** sauts pour parcourir la même distance.

1 Maïa fait quatre pas. Piaf saute à côté d'elle.
Combien de sauts Piaf doit-il faire pour parcourir la même distance que Maïa ?

2 Voici des traces laissées par Piaf qui a fait quinze sauts.

Combien de pas doit faire Maïa pour parcourir la même distance que Piaf ?

3 Maïa a écrit le nombre de pas qu'elle a fait.
Trouve le nombre de sauts que Piaf doit faire pour parcourir la même distance.

Maïa	Piaf
10 pas	
20 pas	
21 pas	
42 pas	
43 pas	

4 Piaf a indiqué son nombre de sauts.
Combien de pas doit faire Maïa pour parcourir la même distance ?

Maïa	Piaf
	18 sauts
	21 sauts
	42 sauts
	84 sauts
	87 sauts

Exercices

5 Si Maïa fait 12 pas,
combien de sauts Piaf doit-il faire ?

6 Si Maïa fait 430 pas,
combien de sauts Piaf doit-il faire ?

7 Si Piaf fait 45 sauts,
combien de pas Maïa doit-elle faire ?

8 Si Piaf fait 840 sauts,
combien de pas Maïa doit-elle faire ?

SÉANCE 4 Guide p. 328
Calcul mental :
Nombre pensé

Exercices pour réviser la symétrie

A **Cahier de géométrie-mesure page 32.**

Chercher Cinq sauts pour deux pas

Tim fait des pas beaucoup plus longs que les sauts de Piaf. Quand Tim fait **deux** pas, Piaf doit faire **cinq** sauts pour parcourir la même distance.

1 Tim fait quatre pas. Piaf saute à côté de lui.
Combien de sauts Piaf doit-il faire pour parcourir la même distance que Tim ?

2 Voici des traces laissées par Piaf qui a fait quinze sauts.

Combien de pas Tim doit-il faire pour parcourir la même distance que Piaf ?

3 Tim a écrit le nombre de pas qu'il a fait.
Combien de sauts Piaf doit-il faire pour parcourir la même distance ?

Tim	Piaf
8 pas	
16 pas	
18 pas	
20 pas	
40 pas	

4 Piaf a indiqué son nombre de sauts.
Combien de pas Tim doit-il faire pour parcourir la même distance ?

Tim	Piaf
	10 sauts
	30 sauts
	35 sauts
	70 sauts
	140 sauts

Exercices

5 Si Tim fait 14 pas,
combien de sauts Piaf doit-il faire ?

6 Si Tim fait 180 pas,
combien de sauts Piaf doit-il faire ?

7 Et si Piaf fait 60 sauts,
combien de pas Tim doit-il faire ?

8 Et si Piaf fait 730 sauts,
combien de pas Tim doit-il faire ?

Proportionnalité

Problèmes

A La maîtresse a 60 cahiers.
Elle veut les ranger en plusieurs paquets qui contiennent tous le même nombre de cahiers.
Trouve toutes les façons de faire des paquets avec 60 cahiers.

B Dans une boîte, il y a 150 carrés identiques à celui-ci : ■.
En assemblant tous ces carrés côté contre côté, Maïa construit un rectangle. Puis, elle le défait et essaie d'en construire un autre différent du premier.
Trouve tous les rectangles que Maïa peut construire.

Exercices Problèmes

1 Dame Grenouille et Dame Puce ont décidé de faire une course.
Chaque fois que Dame Grenouille fait un saut, Dame Puce doit en faire sept pour parcourir la même distance.
La course se déroule en six étapes.
Complète.

	Dame Grenouille	Dame Puce
1re étape	5 sauts	
2e étape	6 sauts	
3e étape	12 sauts	
4e étape		70 sauts
5e étape		140 sauts
6e étape		147 sauts

2 À chaque saut, Dame Grenouille avance de 2 mètres.
Quelle distance aura-t-elle parcourue pendant toute la course ?

3 Quelle est, à peu près, la longueur d'un saut de puce ?

4 Combien de sauts fait Dame Puce pour parcourir la même distance que Dame Grenouille lorsque celle-ci fait :

a. 50 sauts ?
b. 51 sauts ?
c. 56 sauts ?
d. 150 sauts ?

5 Un kangourou et une gazelle ont décidé de faire une course.
Chaque fois que le kangourou fait trois sauts, la gazelle doit en faire cinq pour parcourir la même distance.
La course se déroule également en six étapes. Complète.

	Kangourou	Gazelle
1re étape	12 sauts	
2e étape	15 sauts	
3e étape	30 sauts	
4e étape		40 sauts
5e étape		45 sauts
6e étape		90 sauts

6 À chaque saut, le kangourou avance de 5 mètres.
Quelle distance aura-t-il parcourue pendant toute la course ?

7 Quelle est la longueur d'un saut de gazelle ?

8 Combien de sauts fait le kangourou pour parcourir la même distance que la gazelle lorsque celle-ci fait :

a. 50 sauts ?
b. 55 sauts ?
c. 100 sauts ?
d. 150 sauts ?

Aire

SÉANCE 6 Guide p. 333
Calcul mental :
Nombre pensé
SÉANCE 7 Guide p. 336 Pas d'activités dans le manuel

Exercices pour réviser le calcul mental

A 3 5 8 12 15

En utilisant certains de ces nombres, les signes +, –, x et des parenthèses, tu dois obtenir les nombres suivants :

60 23 160 0 100

Trouve au moins une solution pour chaque nombre.
Pour chaque solution, tu ne peux utiliser qu'une seule fois le même nombre.

B 4 5 6 10 14

En utilisant certains de ces nombres, les signes +, –, x et des parenthèses, tu dois obtenir les nombres suivants :

30 90 55 144 35

Trouve au moins une solution pour chaque nombre.
Pour chaque solution, tu ne peux utiliser qu'une seule fois le même nombre.

Chercher Avec des carrés

Voici les surfaces obtenues en coloriant deux carrés placés côté contre côté. Il existe deux façons de disposer ces deux carrés, mais les deux surfaces obtenues sont identiques : elles sont orientées différemment mais sont superposables.

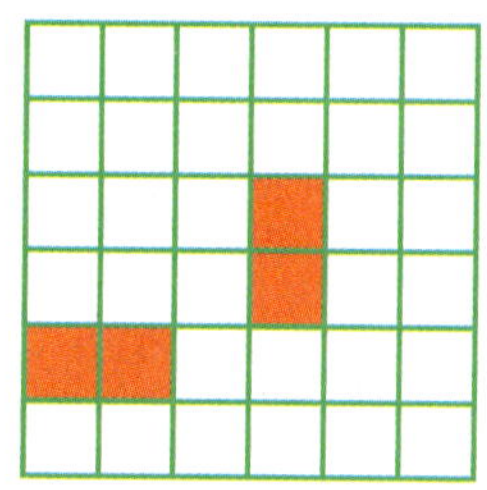

Dans les surfaces que tu vas chercher, deux carrés voisins doivent se toucher par un de leur côté.

1. Cherche toutes les surfaces différentes qu'il est possible d'obtenir en coloriant trois carrés. Recherche aussi toutes les orientations possibles pour ces surfaces.

2. Même question avec quatre carrés.

3. Voici une surface obtenue en coloriant cinq carrés. Quatre carrés sont alignés.
Cherche toutes les surfaces différentes qu'il est possible d'obtenir en coloriant cinq carrés, avec quatre carrés alignés.

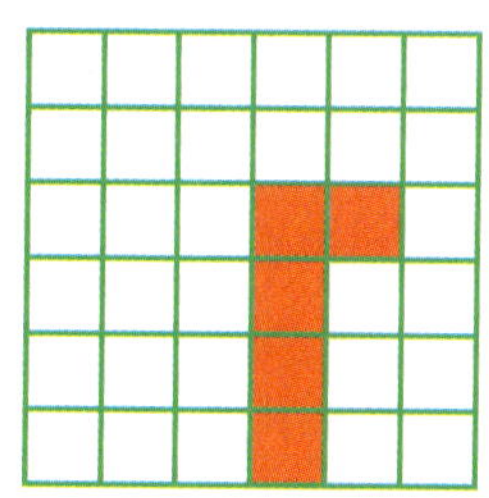

4. Cherche toutes les surfaces différentes qu'il est possible d'obtenir en coloriant cinq carrés, avec trois carrés alignés.

Exercices

5. Écris les noms des surfaces qui ont la même aire mais qui ne sont pas superposables.

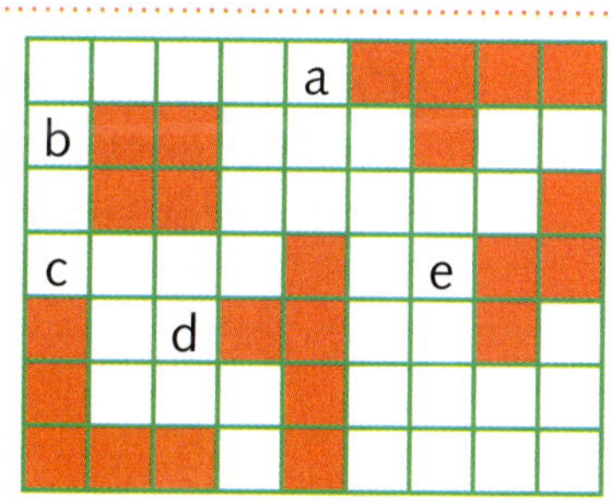

Je prépare le bilan

Guide p. 339	Préparation	Bilan
Division : valeur de chaque part	Extrait 1	Exercices 1 2
Approche de la proportionnalité	Extrait 2	Exercices 5
Symétrie sur quadrillage	Extrait 3	Exercices 7
Aire (approche)	Extrait 4	Exercice 10

Lis ces extraits de problèmes que tu as eu à résoudre dans l'unité 15 et réponds à la question.
Tu pourras ensuite dire ce que tu as bien compris et ce qui reste difficile pour toi.

Extrait 1

Ces 352 pommes ont été cueillies par 6 personnes qui décident de se partager la cueillette.
Chaque personne doit avoir le même nombre de pommes.

Dessine les paniers et écris sur chacun le nombre de pommes que chaque personne aura après le partage.

QUESTION

Comment fais-tu pour trouver combien de pommes chacun doit recevoir ?

Extrait 2

Tim a écrit le nombre de pas qu'il a fait.
Quand Tim fait deux pas, Piaf doit faire cinq sauts pour parcourir la même distance.

Combien de sauts Piaf doit-il faire pour parcourir la même distance ?

Tim	Piaf
8 pas	
16 pas	
18 pas	

QUESTION

Comment trouves-tu le nombre de sauts que doit faire Piaf ?

Extrait 3

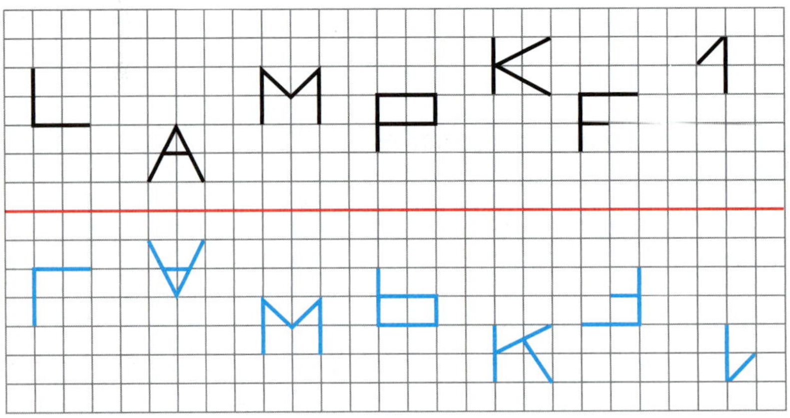

QUESTION

Quelles connaissances sur la symétrie utilises-tu pour savoir si le tracé du symétrique d'une figure est exact ?

Extrait 4

Cherche toutes les surfaces différentes qu'il est possible d'obtenir en coloriant trois carrés sur un quadrillage.

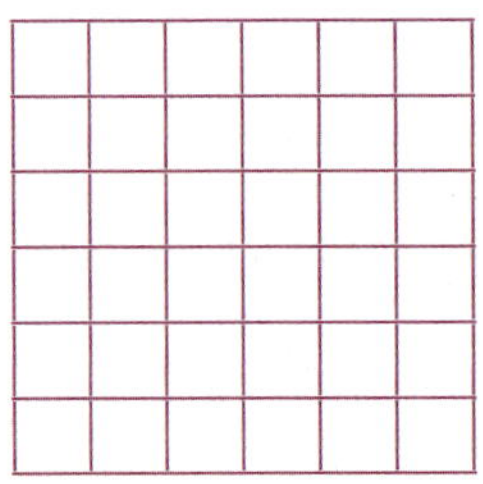

QUESTIONS

Toutes les surfaces sont-elles superposables ?
Ont-elles la même aire ?

Je fais le bilan

À la suite de cette évaluation, les élèves peuvent compléter leur bilan de compétences (→ matériel photocopiable)

1 Cinq personnes se partagent équitablement 75 cl de jus de fruits.
Quelle quantité de jus de fruits chaque personne reçoit-elle ?

....

2 Des cyclistes font une randonnée de 138 km en 6 jours. Chaque jour, ils parcourent exactement la même distance.
Quelle est la distance parcourue chaque jour ?

....

3 Cinq amis fêtent l'arrivée des vacances. Ils ont tout acheté ensemble et la fête leur a coûté 95 euros. Chacun paie sa part qui est la même pour tous.
Quelle somme d'argent chacun doit-il donner ?

....

4 Trois amis se partagent 138 billes.
Alex en reçoit 6 de plus que Boris et Boris en reçoit 6 de plus que Cyrille.
Combien de billes chacun a-t-il reçues ?

....

5 Piaf doit faire cinq sauts chaque fois que Tim fait deux pas. Complète.

Tim	Piaf
2 pas	5 sauts
6 pas	
8 pas	
10 pas	
	10 sauts
	40 sauts
	45 sauts

....

6 Si on empile 2 dictionnaires identiques, la pile mesure 15 cm de hauteur.

a. Quelle est la hauteur d'une pile de 4 dictionnaires ?

b. Quelle est la hauteur d'une pile de 8 dictionnaires ?

c. Quelle est la hauteur d'une pile de 10 dictionnaires ?

d. Une pile mesure 90 cm de hauteur. Combien de dictionnaires ont été empilés ?

e. Une pile mesure 300 cm de hauteur.
Combien de dictionnaires ont été empilés ?

....

7, **8** et **9** **Travail sur fiche bilan.**

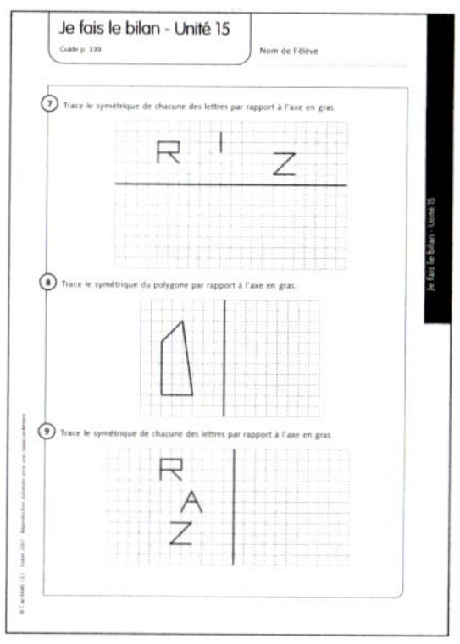

Trace le symétrique des lettres et de la figure.

....

10 Écris les noms des surfaces qui ont la même aire.

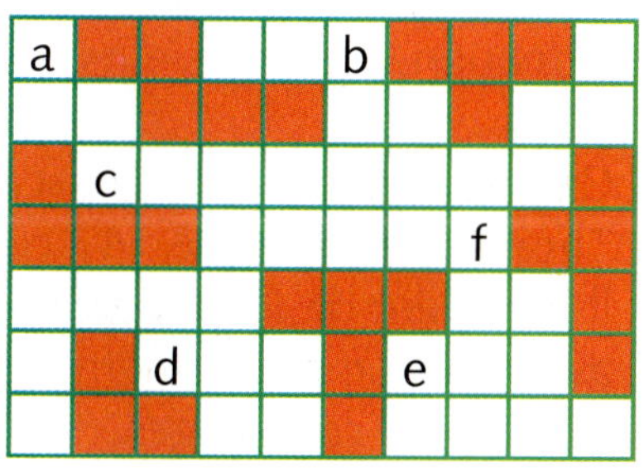

Exercices complémentaires

Calcul

1 En utilisant les signes +, –, x, des parenthèses et les nombres 2, 3, 5, 7, écris des calculs qui ont comme résultat les nombres :

17	37	70	32	67
24	31	29	0	8

2 Trouve chaque fois le nombre auquel pense Maïa.

a. Si je lui ajoute 25, je trouve 54.
b. Si je lui ajoute 34, je trouve 100.
c. Si je lui ajoute 84, je trouve 100.
d. Si je lui soustrais 13, je trouve 54.
e. Si je le multiplie par 5, je trouve 45.
f. Si je le multiplie par 4, je trouve 60.

Problèmes

3 Maïa a entre 70 et 80 bonbons. Quand elle fait des paquets de 8 bonbons, il lui reste 3 bonbons. Combien Maïa a-t-elle de bonbons ?

4 Si Tim range ses billes par paquets de 4 billes, il lui reste 2 billes.
S'il les range par paquets de 5 billes, il lui reste 1 bille.
Tim a moins de 100 billes.
Combien Tim peut-il avoir de billes ?
Attention, il y a plusieurs réponses.

5 Camille, Lydie, Louise, Pascal et Thomas ont ramassé 147 coquillages. Ils décident de se les partager pour avoir chacun exactement le même nombre de coquillages.
Combien chacun aura-t-il de coquillages ?

6 Tim et Maïa construisent chacun une tour avec des cubes. Tim empile des cubes rouges et Maïa empile des cubes bleus.
Chaque fois que Tim met 3 cubes rouges dans sa pile, Maïa met 5 cubes bleus dans la sienne.
Combien Maïa a-t-elle mis de cubes bleus :

a. lorsque Tim a mis 6 cubes rouges ?
b. lorsque Tim a mis 12 cubes rouges ?
c. lorsque Tim a mis 15 cubes rouges ?
d. lorsque Tim a mis 60 cubes rouges ?
e. lorsque Tim a mis 72 cubes rouges ?
f. lorsque Tim a mis 75 cubes rouges ?

7

Docteur L. Toubib — Le 21/11/06
36 rue de l'Hôpital
38 000 Grenoble

M. Malenpoint

1. Prendre avant chaque repas une ampoule de Médical 200 pendant 1 mois.

2. Prendre matin et soir 20 gouttes de Liquidol dans un peu d'eau pendant 10 jours.

3. Avaler après le repas de midi 3 gélules de Dragine pendant 2 semaines.

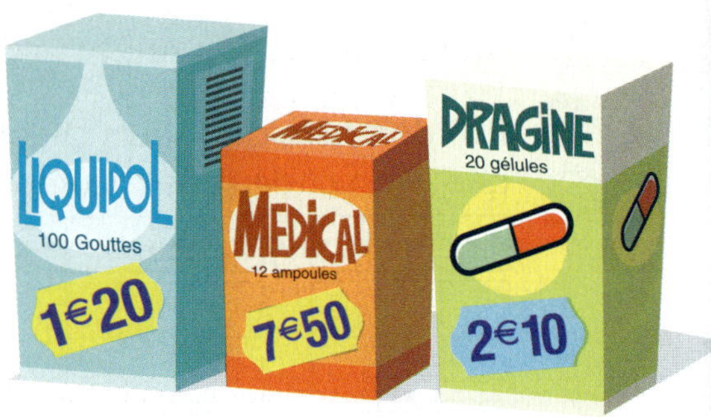

Le pharmacien doit préparer les médicaments pour M. Malenpoint.
Que doit-il donner à M. Malenpoint ?
Combien M. Malenpoint va-t-il payer ?
M. Malenpoint se demande quel jour il doit s'arrêter de prendre chaque médicament. Peux-tu l'aider ?

Géométrie

8 Quelles sont les figures superposables ?

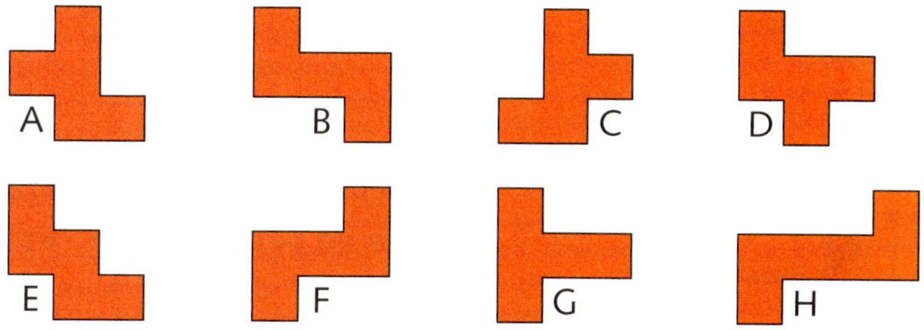

9 Quels sont les dessins où les figures jaune et bleue ne sont pas symétriques par rapport à l'axe rouge ? Explique pourquoi.

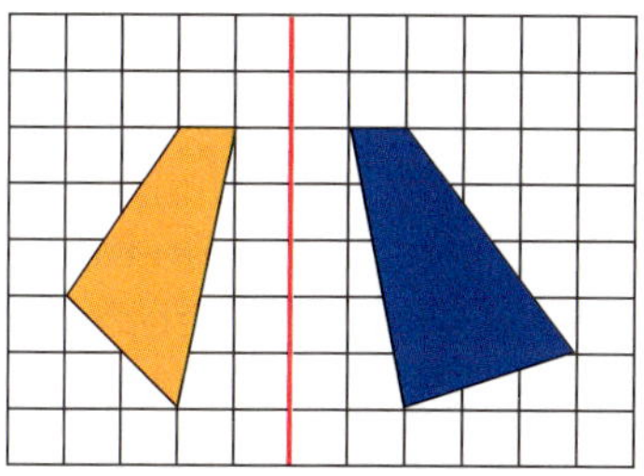
Dessin 1

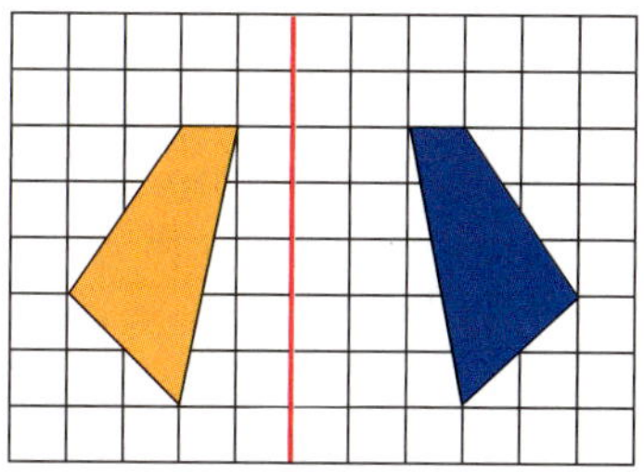
Dessin 2

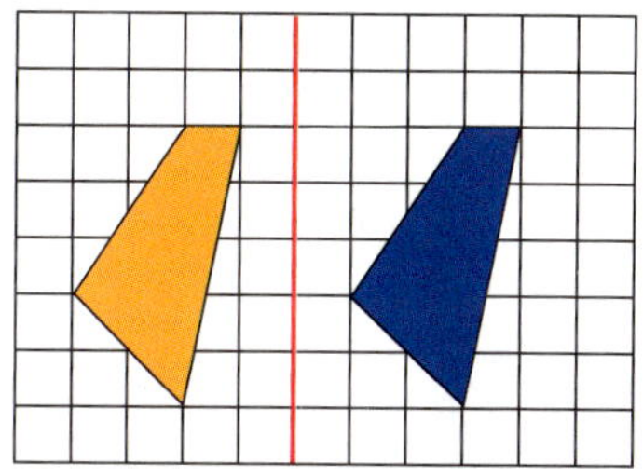
Dessin 3

Mesure

10 Maïa a acheté deux paquets de 125 g de biscuits au chocolat et trois paquets de 250 g de gâteaux à la fraise.
Quel est le poids total des gâteaux achetés ?

11 Pour la fête de l'école, Tim prépare des paquets de 250 g de bonbons.
Combien de paquets va-t-il remplir avec 2 kg de bonbons ?

12 Maïa habite à 1 km 500 m de l'école.
Lorsqu'elle passe devant la boulangerie, elle a parcouru 750 m.
Quelle distance lui reste-t-il à parcourir pour arriver à l'école ?

13 Tous les matins, Piaf fait son tour, à vol d'oiseau bien sûr : 550 m pour aller picorer sur la fenêtre du boulanger, puis 300 m pour aller nettoyer la cour de l'école après le goûter des enfants et 720 m pour revenir à la maison pour le repas de midi.
Calcule la distance parcourue par Piaf. Exprime-la en km et m.

14 Complète.

a. 3 km = … m
b. 3 m = … cm
c. 40 mm = … cm
d. 1 000 cm = … m
e. 200 cl = … l
f. 3 l = … cl
g. 40 ml = … cl
h. 1 kg = … g
i. 3 kg 200 g = … g

5 Math • magazine

Le perroquet sait-il compter les clés ?

Un chercheur américain a essayé d'apprendre à compter à un perroquet gris. Voici le résultat de cette expérience.

– Combien y a-t-il de clés ? demande le chercheur.
– Quatre, répond le perroquet.
Et le perroquet a raison.

Mais cela ne marche que pour des nombres assez petits, jusqu'à quatre ou cinq. Lorsqu'il y a plus d'objets, le perroquet ne sait plus répondre.
Comment fait le perroquet ? Il utilise la même méthode que toi. Lorsqu'il y a peu d'objets, tu ne les comptes pas un par un. Tu vois tout de suite, d'un coup d'œil, combien il y en a. Mais, lorsqu'il y en a davantage, il faut compter un par un.
Et le perroquet ne sait pas compter un par un.

Un singe qui ne fait pas que des grimaces

Sally Boysen a travaillé plusieurs années avec un chimpanzé pour essayer de lui apprendre à calculer.

Elle fait passer le chimpanzé devant des bacs contenant chacun quelques objets. Au bout du parcours, il doit choisir une carte portant le même nombre de points que le total des objets rencontrés dans son parcours.
Le chimpanzé réussit très souvent lorsque le nombre total d'objets ne dépasse pas 5.

Sally Boysen, psychologue à l'université d'État de l'Ohio, demande, ici, au chimpanzé de mettre le nombre d'objets qui correspond aux cartons.

Avec des allumettes

Plusieurs jeux utilisent des allumettes (ou des petits bâtonnets). Ces jeux, qui existent depuis des milliers d'années, sont toujours pratiqués aujourd'hui. En voici deux exemples.

Le jeu de Marienbad

Il se joue à deux, avec 16 allumettes qu'il faut d'abord disposer comme sur le dessin.

Règle du jeu
Chaque joueur, à tour de rôle, prend autant d'allumettes qu'il veut, mais sur une seule ligne. Celui qui est obligé de prendre la dernière allumette a perdu.

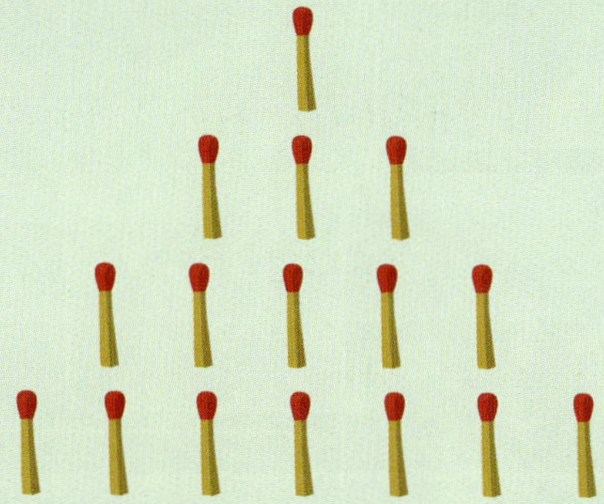

Le jeu de nimbi

Il se joue à deux, avec des allumettes (par exemple 24) qu'il faut d'abord disposer en rectangle, comme sur le dessin.

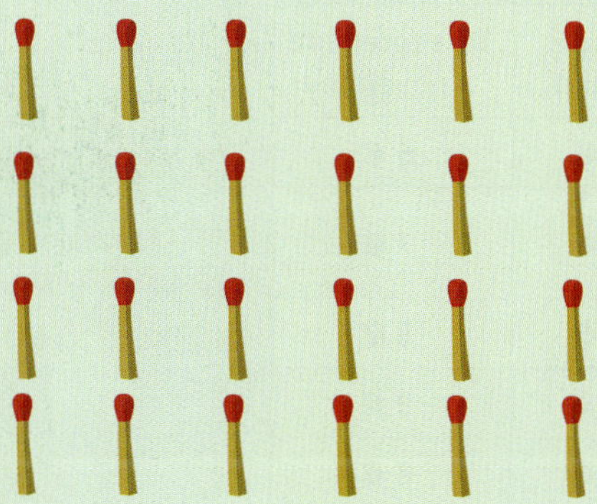

Règle du jeu
Chaque joueur, à tour de rôle, prend un certain nombre d'allumettes qui se suivent (sans trou) sur une seule ligne ou sur une colonne.
Celui qui prend la dernière allumette a gagné.

Le Parc des Oiseaux

Prépare ton premier tour du monde à vol d'oiseaux.

Le Parc des Oiseaux est ouvert tous les jours, jusqu'à 18 h 30, sauf en été (21 h 30).

RD 1083 • 01 Villars-les-Dombes. www.parcdesoiseaux.com

Tarifs scolaires 2007*

groupe de 15 personnes minimum	De février à avril	De mai à août	De septembre à novembre
Tarif maternelle	6 €	7 €	6 €
Tarif primaire et centres aérés	7 €	8 €	7 €
Tarif collège	8 €	9 €	8 €
Tarif lycée	9 €	10 €	9 €
Tarif accompagnateur	8 €	8 €	8 €

Tarifs primaires : visite commmentée du Parc en train de 25 min, 2,50 € par élève.
Tarifs accompagnateurs primaires : une gratuité accompagnateur pour 10 entrées payantes (la 11e, la 21e, etc.).

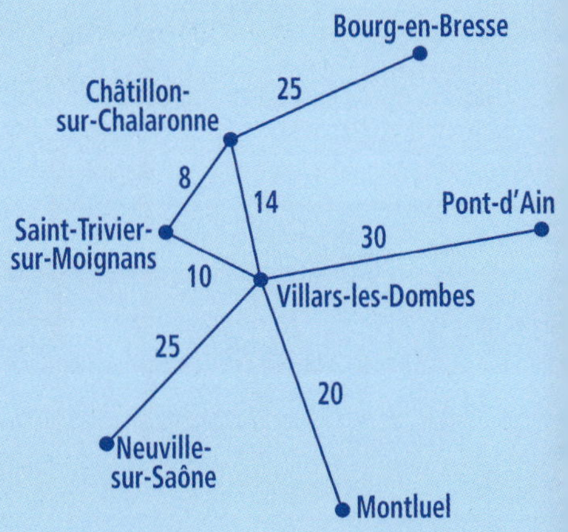

* Tarifs non contractuel
Tarifs 2007 consultables sur le site www.parcdesoiseaux.co

La maîtresse de la classe de CE2 a organisé une visite du Parc des Oiseaux, à Villars-les-Dombes, dans l'Ain. La visite a lieu le 10 octobre. Il y a 21 élèves dans la classe et la maîtresse a prévu 3 accompagnateurs (elle-même et 2 parents).

1 Le car part de Bourg-en-Bresse et se rend à Villars-les-Dombes en passant par Châtillon-sur-Chalaronne et par Saint-Trivier-sur-Moignans.
Combien de kilomètres le car a-t-il parcourus pour rejoindre le Parc ?

2 La classe arrive au Parc à 11 h et restera au Parc jusqu'à 17 h.
Combien d'heures la classe va-t-elle rester au Parc ?
Après le départ des élèves, pendant combien de temps le Parc restera-t-il ouvert ?

3 Pour payer l'entrée du Parc, la maîtresse donne exactement la somme demandée en utilisant le moins possible de billets et de pièces.
Combien coûte l'entrée au Parc pour tous les élèves et les accompagnateurs ?
Quels billets et pièces la maîtresse a-t-elle donnés ?

4 Fred souhaite photographier les oiseaux.
Avec son appareil, il peut prendre 36 photos.
Au cours de la matinée, il prend 17 photos.
Combien de photos peut-il encore prendre l'après-midi ?

5 Après la visite, Hervé achète quatre petits albums avec des photos d'oiseaux. Dans chaque album, il y a 12 photos.
Combien de photos d'oiseaux Hervé a-t-il achetées ?

6 Pour visiter une partie du Parc, on peut prendre un petit train.
Il est composé de 5 wagons et, dans chaque wagon, 6 personnes peuvent s'installer.
Y aura-t-il de la place pour tous les élèves et leurs accompagnateurs ?

7 Au milieu de l'après-midi, les élèves s'arrêtent pour se reposer un peu.
Hervé en profite pour poser un petit problème à son ami Fred :
« J'ai lu tout à l'heure qu'une autruche pond entre 10 et 15 œufs par ponte.
Il y a 6 autruches dans le Parc.
Si chaque autruche fait deux pontes par an, combien peut-on espérer avoir d'œufs d'autruche en une année ? »

8 Fred a aussi un petit problème à poser :
« Tu as vu tous ces canards tout à l'heure.
J'ai essayé de les grouper par quatre, mais il restait deux canards tout seuls.
Alors, j'ai essayé de les grouper par cinq et là, il ne restait aucun canard tout seul.
Le gardien m'a dit qu'il y avait moins de 50 canards.
Peux-tu trouver combien il y a de canards ? »

Les images d'animaux

1 Observe bien l'illustration.
Y a-t-il assez de places dans l'album pour que Maïa puisse coller toutes les images contenues dans les pochettes ?

2 Sur chaque page de l'album, on peut mettre le même nombre d'images.
Combien de pages y a-t-il dans cet album ?

3 « Céline commence aujourd'hui sa collection d'images d'animaux.
Son grand frère lui a donné … paquets de … images.
Il n'y a que des images de chiens et de chats. Il y a … images de chats.
Combien y a-t-il d'images de chiens ? »
Dans l'énoncé, il y avait les nombres 2, 14 et 36.
Remets les nombres à leur place et réponds à la question.

4 Tim collectionne lui aussi les images d'animaux depuis trois ans.
Il a déjà rempli deux albums comme celui de Maïa et, dans le troisième album, il a rempli six pages.
Invente des questions auxquelles tu peux répondre à l'aide de ces informations et cherche les réponses.

5 Le marchand d'images est content.
Chaque jour de la semaine, il a vendu deux paquets de 24 images et un paquet de 36 images.
Combien d'images a-t-il vendues pendant la semaine ?

6 Arthur et Zoé ont acheté chacun 72 images.
Arthur n'a pris que des paquets de 36 images et Zoé n'a pris que des paquets de 24 images.
Combien de paquets d'images chacun a-t-il achetés ?

7 Maïa pose une devinette à Tim :
« Dans ma main, j'ai 5 images d'animaux.
Ce sont des images de chats et des images d'oiseaux.
J'ai compté toutes les pattes. Il y en a 14.
Trouve combien j'ai d'images de chats et combien j'ai d'images d'oiseaux. »

8 Maïa pose une nouvelle devinette à Tim :
« Louise a 9 images d'animaux.
Ce sont aussi des images de chats et des images d'oiseaux.
Elle a compté toutes les pattes. Il y en a 30.
Trouve combien elle a d'images de chats et combien elle a d'images d'oiseaux. »

9

Tim décide lui aussi de poser une devinette à Maïa :
« J'ai quatre images de chats : un chat blanc, un chat noir, un chat gris et un chat roux.
Sur les images, le chat blanc est plus grand que le noir, mais plus petit que le roux.
Le chat gris est plus grand que le noir.
Et le blanc est plus grand que le gris.
Lequel est le plus petit ?
Lequel est le plus grand ? »

La classe de Julien

1 La place de Julien dans la classe est codée **a 1** et celle de Noémie **c 3.**
Quel est le code de la place de Yann ?

2 José est à la place codée **d 1**, Leïla est à la place codée **c 5**,
Marine est à la place codée **a 4**, Lili est à la place codée **d 3**.
Dessine le plan et inscris les noms des élèves aux bonnes places.

3 Jérémy est derrière Yann et à côté de Noémie. Pierre est devant Noémie et n'est pas à côté de Yann. Tom est à droite de Yann. Lucie est à gauche de Noémie.
Sur le plan que tu as dessiné, trouve les places de Jérémy, Pierre, Tom et Lucie. Inscris leurs prénoms aux bonnes places.

4 **Tous les élèves décident de changer de place. Est-il possible de placer les 12 filles de la classe de telle façon qu'une fille ne soit jamais assise à côté d'une autre fille et ne se trouve pas non plus assise juste devant ou derrière une autre fille ?**

5 Le tableau de la classe mesure 2 m 40 cm de large.
De chaque côté du tableau, il reste un espace vide de 1 m 10 cm de large.
Quelle est la largeur de la salle de classe ?

6 Le maître a mesuré les tailles de certains élèves.
Il les a notées dans un tableau.

Julien	1 m 22 cm
Noémie	130 cm
Yann	1 m 25 cm
Marion	109 cm
Marine	1 m 33 cm

Range ces élèves du plus petit au plus grand.
Quel est l'écart de taille entre Marion et Noémie ?

7 Leïla mesure 5 cm de plus que Yann. José est de la même taille que Julien.
Tom mesure 3 cm de moins que Lili. Lili mesure 10 cm de plus que José.
Quelles sont les tailles de Leïla, de José, de Tom et de Lili ?

8 Dans la classe de Julien, 15 enfants portent des lunettes.
Il y a 12 filles et la moitié d'entre elles ne portent pas de lunettes.
Combien de garçons portent des lunettes dans la classe de Julien ?

9 Tom veut empiler les 25 dictionnaires de la classe sur le bureau du maître.
Tous les dictionnaires sont identiques.
L'épaisseur d'un dictionnaire est de 6 cm.
Quelle sera la hauteur de la pile ?

10 Le maître veut couvrir les dictionnaires avec du plastique.
Pour recouvrir un dictionnaire, il faut 50 cm de couverture plastique.
Il achète un rouleau de 4 m de plastique.
Combien de dictionnaires peut-il recouvrir ?
Combien de rouleaux doit-il acheter pour recouvrir les 25 dictionnaires de la classe ?

Isidore fait les courses

Isidore part faire les courses. Ses parents lui ont donné de l'argent et la liste des achats à effectuer.

1 Voici les pièces dont Isidore dispose.
Avec quelle somme d'argent part-il faire les courses ?

2 Isidore va d'abord chez le marchand de journaux.
Il achète le journal et un stylo-bille bleu. Il donne une pièce de 1 euro au marchand.

Quelle somme d'argent le marchand doit-il lui rendre ?
Que reste-t-il dans son porte-monnaie en sortant ?

3 Isidore va ensuite à la boulangerie.
Il achète ce que ses parents ont noté sur la liste.

Combien lui reste-t-il en sortant ?

4 Avec l'argent qui lui reste,
Isidore veut acheter
2 paquets de fraises
et 6 sucettes.
Peut-il le faire ?

5 Isidore se souvient que, dimanche dernier, il est parti avec 6 euros
dans son porte-monnaie et qu'il n'y avait que des pièces de 50 centimes.
Combien de pièces y avait-il dans son porte-monnaie ?

6 **Pose d'autres questions en utilisant les informations du dessin p. 152.**
Trouve les réponses aux questions que tu as posées.
Ensuite, tu pourras échanger tes questions avec tes camarades
et vous pourrez comparer vos réponses.

7 En rentrant, Isidore rencontre Zoé.
Elle lui pose une question :
« Chez le boulanger, j'ai acheté des sucettes
et des chewing-gums.
J'ai payé 75 centimes.
Peux-tu trouver ce que j'ai acheté ? »
Aide Isidore à répondre à la question de Zoé.

8 Isidore pose à son tour une question à Zoé.
« Alex, Arthur et Maïa ont mangé en tout
10 caramels. Alex en a mangé deux de plus
que Arthur et Arthur en a mangé un de plus que Maïa.
Qui a mangé le plus de caramels ?
Combien chacun a-t-il mangé de caramels ? »
Aide Zoé à répondre à la question d'Isidore.

La bibliothèque

1. Sur l'étagère du bas, il y a 40 livres de poche.
Combien de livres y a-t-il au total sur les étagères de cette bibliothèque ?

2. La maîtresse de la classe dit qu'il y a aussi des livres dans les placards du bas. Elle ne sait plus combien. Mais elle se souvient que, au total, il y a 120 livres dans la bibliothèque.
Combien de livres y a-t-il dans les placards du bas ?

3 Sur la première étagère en haut, toutes les encyclopédies sont identiques.
Chacune a une épaisseur de 4 cm.
Quelle est la longueur de cette étagère ?

4 Sur la deuxième étagère en partant du haut, il y a 10 livres.
Chaque livre a une épaisseur de 3 cm.
Est-il possible de placer à côté 25 autres livres qui ont la même épaisseur ?

5 L'épaisseur de chaque dictionnaire, sur la deuxième étagère
en partant du bas, est de 6 cm.
Combien de dictionnaires identiques peut-on encore placer sur cette étagère ?

6

Qui a raison ?

7 Dans la bibliothèque de la classe voisine, il y a aussi des encyclopédies
et des dictionnaires. Si on les compte tous, cela fait 30 livres.
Et on sait qu'il y a 6 dictionnaires de plus que d'encyclopédies.
Combien de dictionnaires y a-t-il dans la classe voisine ?
Et combien d'encyclopédies y a-t-il ?

8 Toutes les encyclopédies de la bibliothèque (p.154) ont
le même nombre de pages.
Si on ajoute les pages de toutes les encyclopédies de la bibliothèque,
on trouve 25 000 pages !
Combien chaque encyclopédie a-t-elle de pages ?
Si tu veux, tu peux utiliser ta calculatrice pour t'aider.

9 Chaque livre de poche a 176 pages numérotées de 1 à 176.
Tim a compté tous les chiffres 6 utilisés pour écrire les numéros de page d'un livre.
Combien de chiffres 6 a-t-il trouvés ?

Avec une feuille de papier

Pour résoudre ces problèmes, tu vas utiliser ton double décimètre, ton équerre et plusieurs feuilles de papier au format A4.
La largeur d'une feuille A4 est 21 cm et la longueur 29 cm 7 mm.

1 Découpe le plus grand carré possible dans une feuille de papier.
Quelles sont ses dimensions ?

2 Trouve deux façons de partager une feuille de papier en 2 rectangles identiques.
Quelles sont les dimensions des rectangles obtenus ?

3 Trouve trois façons de partager une feuille de papier en 4 rectangles tous identiques.
Quelles sont les dimensions des rectangles obtenus ?

4 **Sur une autre feuille de papier, trace un rectangle dont les dimensions sont 10 cm et 19 cm 7 mm.**

5 En plaçant côte à côte deux rectangles comme celui que tu viens de tracer, on obtient un autre rectangle.
Quelles sont ses dimensions ?
(Il y a deux solutions, essaie de les trouver par un calcul.)

6 Dans une feuille de papier, on peut construire trois rectangles identiques au rectangle que tu as tracé dans l'exercice 4.
Comment peut-on les placer ?

7 Dans une feuille de papier, on veut tracer des carrés de 4 cm de côté.
Combien de carrés peut-on tracer si on veut en avoir le plus possible ?

8 Dans une feuille de papier, on veut tracer des rectangles dont les dimensions sont 4 cm et 8 cm.
Combien de rectangles peut-on tracer si on veut en avoir le plus possible ?

9 Dans une feuille de papier, on veut tracer des rectangles dont les dimensions sont 4 cm et 12 cm.
Combien de rectangles peut-on tracer si on veut en avoir le plus possible ?

10 Dans l'exercice 1, tu as découpé le plus grand carré possible dans une feuille de papier.
Trouve comment faire apparaître le carré, uniquement en pliant la feuille.
Bien sûr, tu ne dois pas utiliser le carré de l'exercice 1.

11 Reprends le carré obtenu dans l'exercice 1.
En pliant, fais apparaître dans le carré les figures de ce dessin.
Attention, on ne doit voir que les plis qui sont tracés en pointillés.

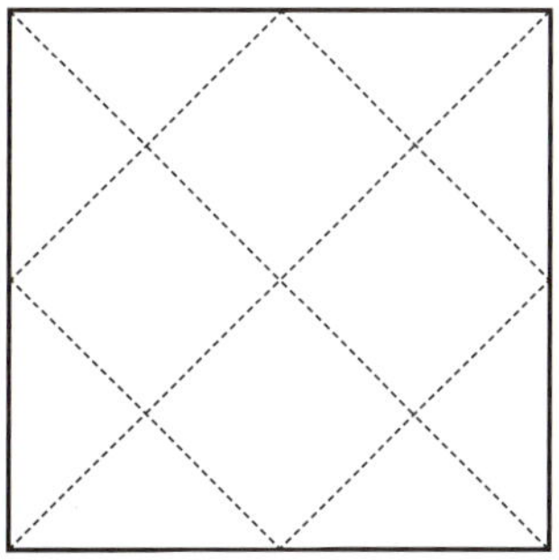

12 Découpe une feuille pour qu'elle n'ait plus aucun bord droit.
Trouve comment faire apparaître un rectangle, uniquement en pliant la feuille.

13 Découpe une feuille pour qu'elle n'ait plus aucun bord droit.
Trouve comment faire apparaître un carré, uniquement en pliant la feuille.

CAPCINÉ présente...

les grands moments de l'histoire du cinéma

Séances à 14 h - 19 h - 21 h
– Adultes : 6 euros
– Enfants : 4 euros

La Sortie des usines Lumière

Réalisé par les frères Lumière en 1895
Durée : 1 min / Noir et blanc / muet

Le 1er film de l'histoire du cinéma

Les frères Lumière filment la sortie des usines et organisent une séance de projection avec l'appareil qu'ils viennent d'inventer, le cinématographe.

Le Voyage dans la lune

Réalisé par Georges Méliès en
Durée : 14 min / Noir et blanc / muet

Le 1er film de fiction

Réalisé sept ans après le film des frères Lumière, ce film s'inspire du roman de Jules Verne, *De la terre à la lune*.

The Jazz Singer

(Le Chanteur de jazz)
Réalisé par Alan Crosland en 1927
Durée : 1 h 42 / Noir et blanc

Le 1er film parlant et chantant

Alors que les films étaient jusqu'à présent muets, ce film intègre 3 parties chantées : une première !

Final Fantasy

Réalisé par Hironobu Sakaguchi en 2001
Durée : 1 h 46 / Couleur

Le 1er film entièrement conçu par ordinateur

Sort, pour la première fois sur les écrans, un film dont les décors et les personnages sont exclusivement en images de synthèse.

1 **En quelle année Georges Méliès a-t-il tourné le premier film de fiction ?**

2 **Depuis combien d'années existe-t-il des films réalisés uniquement par ordinateur ?**

3 **Depuis combien d'années le cinéma existe-t-il ?**

4 **Pendant combien d'années n'y a-t-il eu que des films muets ?**

5 Le film *Final Fantasy* dure 1 h 46.
À quelle heure se termine une séance de projection commencée à 21 h ?

6 La France est l'un des pays d'Europe qui a le plus grand nombre de salles de cinéma.
En 2000, elle en avait 2 612 de plus que l'Italie.
L'Italie en avait 2 285 de moins que l'Allemagne qui n'en avait que 4 783.
L'Espagne arrivait en troisième position avec 3 556 salles.
Combien de salles de cinéma y avait-il en Italie en 2000 ?
Combien y en avait-il en France ?
En Allemagne, combien de salles de cinéma y avait-il de plus qu'en Espagne ?

7 Sur l'image de la salle de cinéma, on ne voit que les trois premières rangées complètes de fauteuils. En tout, il y a 25 rangées identiques de fauteuils.
Combien de places y a-t-il dans le cinéma Capciné ?

8 **Combien de fauteuils ne sont pas sur l'image ?**

9 Samedi, à la séance de 14 h, 280 adultes assistent à la séance.
Il y a 150 adultes de plus que d'enfants.
Combien de personnes assistent à cette séance ?

10 **Combien le caissier a-t-il encaissé pour la séance de 14 h ?**

11 Dimanche, à chaque séance, il y avait 42 enfants et 58 adultes.
Pose des questions et réponds aux questions que tu as posées.

12 Un groupe de cinq personnes se présente devant la caisse.
Le caissier dit : « Pour tout le groupe, vous devez 26 euros ».
Combien d'enfants et combien d'adultes y a-t-il dans ce groupe ?
Trouve toutes les solutions possibles.

13 Sami, Béatrice et Chloé sont assis sur des fauteuils de couleur différente.
Les filles ne sont pas assises sur un fauteuil vert.
Sami occupe un fauteuil situé à gauche de celui de Chloé quand on regarde l'écran.
Quelle est la couleur du fauteuil de chacun ?

Le goûter d'anniversaire

Lydia veut inviter 7 amis pour son goûter d'anniversaire.
Ils seront donc 8 enfants. Avec sa maman, elle réfléchit aux achats à faire.

1. De combien de pots de glace Lydia a-t-elle besoin ?
2. Combien les pots de glace vont-ils coûter ?
3. Combien de paquets de sablés va-t-elle acheter ? Combien vont-ils coûter ?
4. Combien de fruits de différentes sortes faut-il acheter pour préparer la salade de fruits pour 8 personnes ?
5. Combien coûtera la salade de fruits ?
6. Quel est le prix de ce goûter sans les boissons ?

7 La maman de Lydia a oublié d'acheter les boissons.
Elle donne un billet de 5 € à Lydia pour acheter de la limonade et du soda.
Lydia veut prendre le plus de bouteilles possible, en ayant toutes les boissons.
Combien de bouteilles de limonade et combien de bouteilles de soda peut-elle acheter ?

8 Le jour de son anniversaire, au moment du goûter, Lydia annonce à ses amis qu'elle a inventé une énigme pour que chacun trouve sa place à table :

« Marc sera assis à ma gauche.
Leïla sera entre Fred et Gerald.
Nadia sera assise juste en face de moi.
Fred ne sera pas à côté de moi.
Salim ne sera pas à côté d'un garçon.
Et il ne reste qu'une place possible pour Camille. »

Dessine le plan de la table en notant la place de chacun.

9 Après le goûter, les enfants décident de jouer à la marelle. Dans la cour de Lydia, ils dessinent une grande marelle comme celle-ci.
Chaque case numérotée de 1 à 9 est un rectangle dont la largeur mesure 40 cm.
Quelle est la distance entre la Terre et l'Enfer ?

10 Au jeu de la marelle, on commence par lancer le palet dans la case 1, puis on fait un saut de la Terre à cette case pour prendre le palet et un autre saut pour le ramener dans la case Terre.
Ensuite, on essaie de lancer le palet dans la case 2. Pour ramener le palet, il faut faire 2 sauts à l'aller et 2 sauts au retour…
Le palet ne doit pas tomber en Enfer.
Lydia a réussi à ramener le palet des cases 1 à 5.
Au total, combien a-t-elle fait de sauts ?

11 Leïla a réussi tous les lancers qu'elle a tentés et elle a pu ramener le palet.
Au total, elle a fait 72 sauts.
Quelle est la dernière case sur laquelle elle a lancé le palet ?

Je pense à des nombres

1 Je pense à deux nombres différents. Je les multiplie et je trouve 27.
Quels peuvent être ces deux nombres ?

2 Je pense à deux nombres.
Le deuxième est le double du premier. Je les additionne et je trouve 36.
Quels sont ces deux nombres ?

3 Je pense à un nombre. Je lui ajoute 5.
Je multiplie le résultat obtenu par 2. Je trouve 24.
Quel est ce nombre ?

4 Je pense à deux nombres différents.
Je multiplie le premier par le deuxième. J'ajoute 2 au résultat et je trouve 30.
Quels peuvent être ces deux nombres ?

5 Je pense à un nombre de 3 chiffres.
Le chiffre des centaines est le double de celui des unités.
Le produit du chiffre des dizaines par celui des unités est égal à 20.
Quel est ce nombre ?

6 Je pense à un nombre de 4 chiffres. Il n'y a pas le chiffre 0. La somme de ses chiffres est égale à 20. Ce nombre est le plus grand possible.
Quel est ce nombre ?

7 Je pense à un nombre de 3 chiffres. La somme de ses chiffres est égale à 12.
Son chiffre des centaines est le double de son chiffre des unités.
Quel peut être ce nombre ? Trouve toutes les solutions.

8 Je pense à un nombre de 3 chiffres. La somme de ses chiffres est égale à 18.
Lorsque je soustrais le chiffre des unités au chiffre des centaines,
je trouve le chiffre des dizaines.
Quel est ce nombre ? Trouve toutes les solutions.

9 Voici les nombres de 1 à 9 : 1 2 3 4 5 6 7 8 9

- Je pense à trois de ces nombres. Leur somme est égale à 17.
Quels sont ces trois nombres ? Trouve le plus possible de solutions différentes.
- Je pense à cinq de ces nombres. Leur somme est égale à 20.
Quels sont ces cinq nombres ? Trouve le plus possible de solutions différentes.
- Je pense à cinq de ces nombres. Leur somme est égale à 25.
Quels sont ces cinq nombres ? Trouve le plus possible de solutions différentes.

10 Je pense à deux nombres.
Je calcule leur somme et je trouve 30.
Je calcule ensuite leur différence
et je trouve 6.
Quels sont ces deux nombres ?

11 Je pense à deux nombres.
Je calcule leur somme et je trouve 40.
Je calcule leur produit et je trouve 384.
Quels sont ces deux nombres ?

12 Je pense à trois nombres. Ils vont de 5 en 5.
Je calcule leur somme et je trouve 120.
Quels sont ces trois nombres ?

13 Je pense à quatre nombres. Ils vont de 5 en 5.
Je calcule leur somme et je trouve 430.
Quels sont ces quatre nombres ?

14 Je pense à cinq nombres. Ils vont de 5 en 5.
Je calcule leur somme et je trouve 500.
Quels sont ces cinq nombres ?

15 Je pense à deux nombres. Ils sont écrits avec les mêmes chiffres.
Je calcule leur somme et je trouve 110.
Quels peuvent être ces deux nombres ? Trouve toutes les solutions.

16 **Invente toi aussi des énoncés qui commencent par « Je pense à un nombre ».
Écris-les sur une feuille pour que tes camarades puissent essayer de répondre
à la question posée.**

L'emploi du temps

Voici l'emploi du temps de la classe d'Anthony.

EMPLOI DU TEMPS

	LUNDI	MARDI	JEUDI	VENDREDI	SAMEDI
8H30	Éducation musicale	Vie collective (débat)	Éducation musicale	Lecture suivie	Production d'écrit
9H05	Maths	Production d'écrit	Maths		
9H30				ORL	Maths
10H10	Récréation				
10H25	Lecture suivie	Maths	Histoire ou géographie	Maths	ORL
11H30	Cantine - Atelier au choix				
13H30	EPS	Histoire ou géographie	Sciences	EPS	
15H00	Récréation				
	Arts visuels	Sciences	Anglais	Histoire ou géographie	
16H00				Éducation musicale	
16H30					

1. **Quelle est la durée de la séance de mathématiques (maths) du lundi ?**

2. **Quelle est la durée de la séance d'éducation physique et sportive (EPS) du vendredi ?**

3. La récréation du matin et celle de l'après-midi ont la même durée.
À quelle heure se termine la récréation de l'après-midi ?

4. Anthony reste à la cantine le lundi midi.
Combien de temps Anthony reste-t-il à l'école le lundi ?

5. Après le repas à la cantine, Anthony joue au ping-pong.
L'atelier ping-pong dure 30 minutes et se termine à 13 h 15.
À quelle heure commence-t-il ?

6 **Quelle est la durée de la séance d'anglais du jeudi ?**

7 **Quelle est la durée de la séance de mathématiques (maths) du mardi ? du samedi ?**

8 **Chaque semaine, pendant combien de temps la classe d'Anthony fait-elle des mathématiques (maths) ?**

9 Anthony dit qu'il fait 3 heures d'éducation physique et sportive (EPS) chaque semaine à l'école.
Est-ce vrai ?

10 Le lundi soir, après la classe, Anthony va chez sa Mamie. Il y arrive à 17 h et y passe la soirée et la nuit. Il part de chez sa Mamie le mardi matin à 8 h.
Combien de temps Anthony reste-t-il chez sa Mamie ?

11 Le mercredi, Anthony va à l'entraînement de foot. L'entraînement dure 2 h 30 et débute à 14 h 30.
À quelle heure se termine-t-il ?

12 Le dimanche matin, Anthony participe à des matchs de foot. Les matchs ont lieu tous les 15 jours durant les mois de novembre et décembre. Le premier a lieu le deuxième dimanche de novembre et le dernier a lieu avant le 23 décembre.
À quelles dates les matchs ont-ils lieu ? Aide-toi d'un calendrier.

13 Au mois de mai, la classe d'Anthony part en classe de mer. Le voyage en car dure tout le dimanche. Le départ est prévu de l'école à 6 h du matin et l'arrivée au centre vers 22 h.
Quelle est la durée prévue du voyage ?

14 Pour le retour, le départ est prévu à 8 h du matin. La durée du voyage retour est la même que celle du voyage aller.
À quelle heure la classe d'Anthony sera-t-elle de retour ?

15 La classe d'Anthony est hébergée dans un centre de classe de mer du dimanche à 22 h au samedi suivant à 8 h du matin.
Quelle est la durée du séjour ?
Exprime-la en jours et heures.

On partage ?

1 Quatre personnes veulent se partager cette tablette de chocolat.
Chacun doit avoir exactement le même nombre de carrés de chocolat.
Est-ce possible ?
Combien de carrés faut-il donner à chacun ?

2 **Est-il possible de partager équitablement une tablette comme celle-ci entre huit personnes ?**
Et entre cinq personnes ?

3 Voici une autre tablette de chocolat. Chacun doit avoir exactement le même nombre de carrés de chocolat.
Entre combien de personnes est-il possible de partager cette tablette de chocolat ? Trouve toutes les solutions.

4 **Dessine une tablette de chocolat rectangulaire qui peut être partagée exactement entre 8 personnes et aussi entre 6 personnes.**
Il faut que ta tablette soit la plus petite possible.

5 **Dessine une tablette de chocolat rectangulaire qui peut être partagée exactement entre 6 personnes et aussi entre 9 personnes.**
Il faut que ta tablette soit la plus petite possible.

6 Maïa et Tim veulent se partager une tablette de chocolat.
Ils veulent avoir autant de chocolat l'un que l'autre et, surtout, ils veulent que leurs deux parts soient identiques.
Voici deux exemples de découpages :

Trouve d'autres découpages de cette tablette de chocolat qui correspondent à ce que veulent Tim et Maïa.

7 Trois personnes veulent se partager cette tablette de chocolat. Ils veulent avoir autant de chocolat l'un que l'autre. Le premier a déjà entouré sa part.
Les deux autres veulent se partager ce qui reste, en ayant deux parts identiques.
Comment peuvent-ils faire ? Fais un dessin pour répondre.

8 Deux personnes veulent se partager une tarte carrée pour en avoir exactement la même quantité. Voici 3 partages.
Lesquels sont équitables ?

a

b

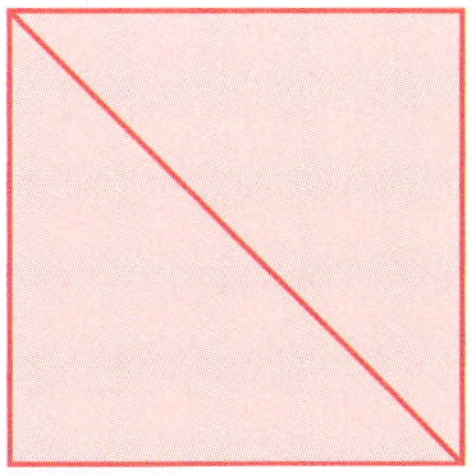
c

Trouve d'autres façons de partager équitablement une tarte carrée entre deux personnes.

9 Quatre personnes veulent se partager équitablement une tarte carrée.
Voici 3 partages.
Lesquels sont équitables ?

a

b

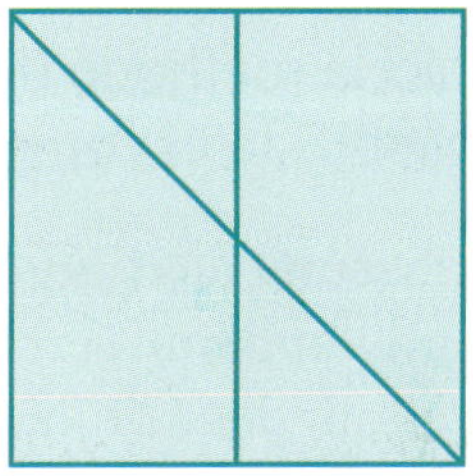
c

Trouve d'autres façons de partager équitablement une tarte carrée entre quatre personnes.

10 Anaïs a 26 bonbons. Elle veut faire des paquets de 4 bonbons et de 6 bonbons.
Combien de paquets de chaque sorte peut-elle faire en utilisant tous ses bonbons ?

11 Léa a 56 bonbons. Elle doit aussi préparer des paquets de 4 bonbons et des paquets de 6 bonbons. Mais il faut que le nombre de paquets de 4 bonbons soit le double du nombre de paquets de 6 bonbons.
Combien de paquets de chaque sorte peut-elle préparer en utilisant tous ses bonbons ?

Avec des carrés et des demi-cercles

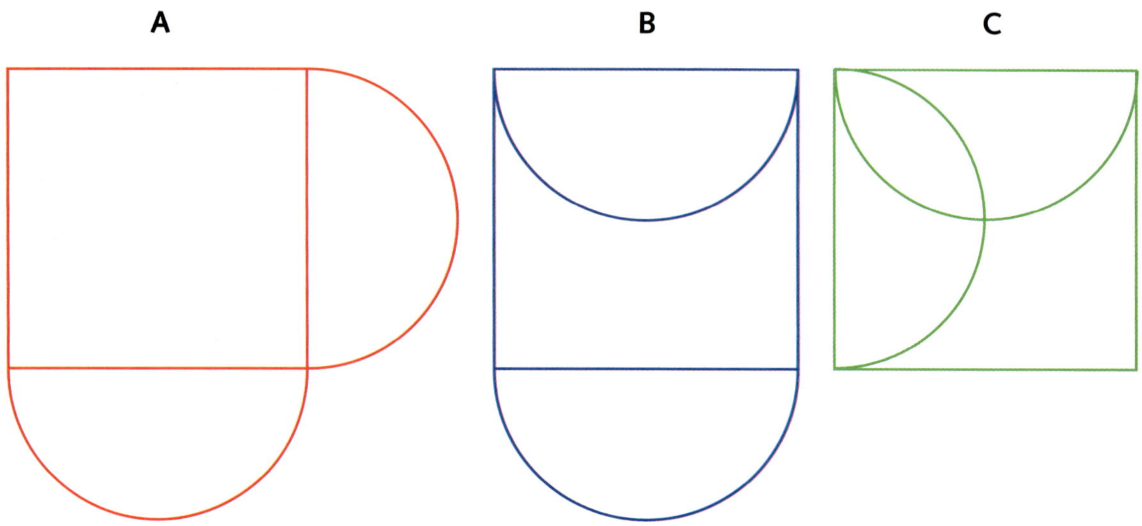

1 Voici la méthode de construction de chacune des figures.
Recopie-la et complète-la.

> Chacune des figures A, B et C a été obtenue en traçant un ....
> et deux demi-cercles.
> La longueur du côté du .... est 4 ....
> Le centre de chaque demi-cercle se trouve au ....
> d'un côté du ....
> Le rayon de chaque demi-cercle est .... cm.

2 **Reproduis les figures A et B sur une feuille de papier quadrillé.**

3 **Reproduis les figures A et C sur une feuille de papier uni.**

4 Avec la méthode de construction décrite dans le problème 1, on peut obtenir d'autres figures, différentes des figures A, B ou C, c'est-à-dire qui ne sont pas superposables aux figures A, B et C.
Construis-en une sur une feuille de papier uni.

5 Maintenant, trouve toutes les figures obtenues avec la méthode de construction décrite dans le problème 1 et qui sont différentes des figures A, B et C.
Il y en a trois différentes de A, B et C et différentes entre elles (qui ne sont pas superposables).
Construis-les sur une feuille de papier quadrillé.

Dans les figures des exercices 6 à 10, il n'y a que des cercles ou des demi-cercles.

6 **Reproduis la figure D sur une feuille de papier uni.**

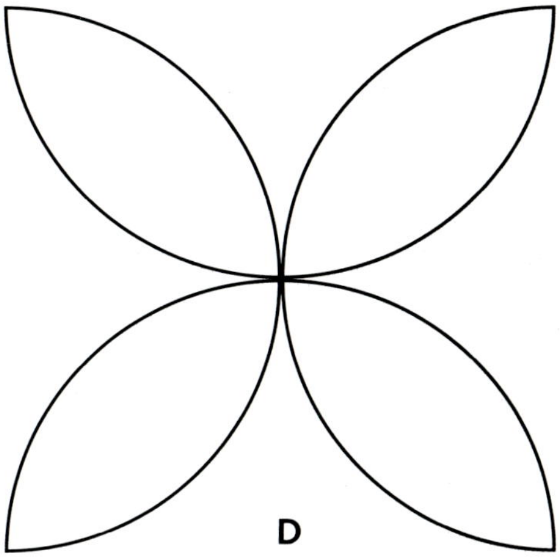

D

7 **Écris une méthode de construction de la figure D.**

8 Avec la même méthode de construction que dans le problème 7, on peut tracer les demi-cercles à l'intérieur ou à l'extérieur du carré.
On peut donc trouver d'autres figures que celle du problème 6.
Il y en a 5 différentes (qui ne sont pas superposables).
Trouve-les toutes.

9 **Reproduis la figure E sur une feuille de papier uni.**

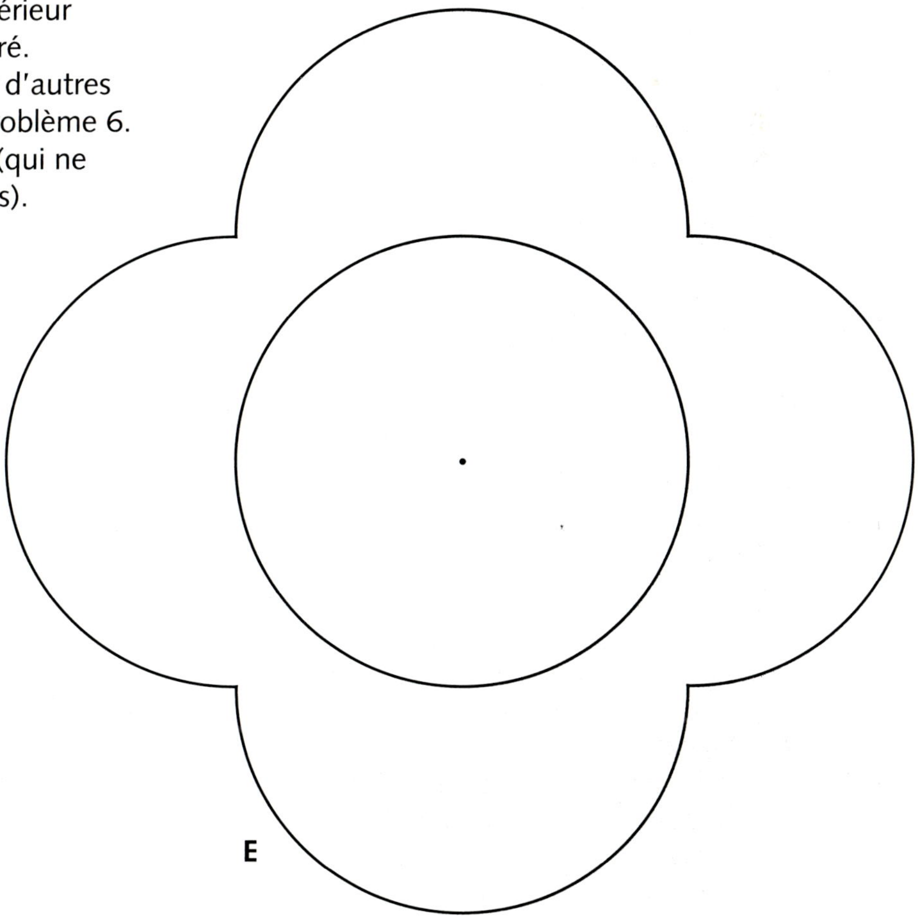

E

Problèmes de pesées

1 

Quel est l'objet le plus lourd ?
On change les 2 objets de plateau.
Dessine la balance.

2 **Quel est l'objet le plus lourd ?**

3 **Range les sacs du plus lourd au moins lourd.** Explique comment tu as trouvé.

4 **Range les sacs du plus lourd au moins lourd.** Explique comment tu as trouvé.

5 **Combien pèse le sac I ?**
Explique comment tu as trouvé.

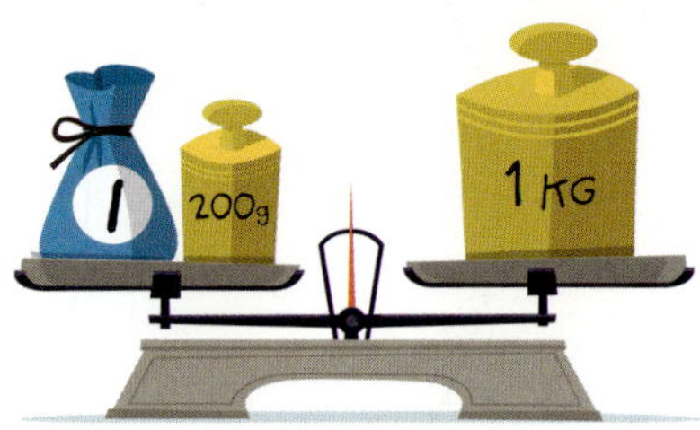

6 **Combien pèse le sac vert ?** Explique comment tu as trouvé.

7 **Combien pèse une orange ?**

Combien pèse un œuf ?

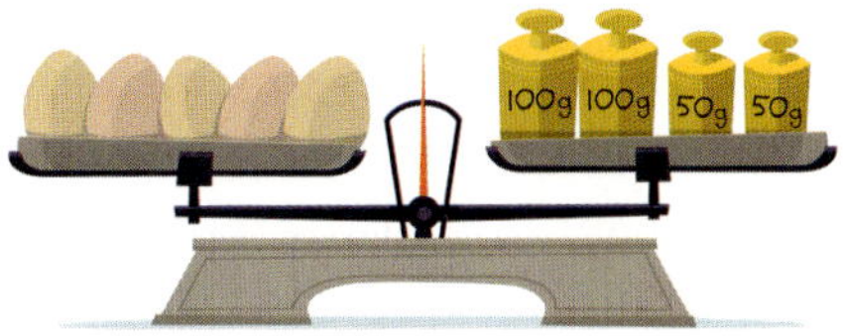

8 **Combien pèsent les sacs J et K ?** Explique comment tu as trouvé.

9 **Combien pèsent les sacs L et M ?** Explique comment tu as trouvé.

10 En utilisant ces masses marquées :

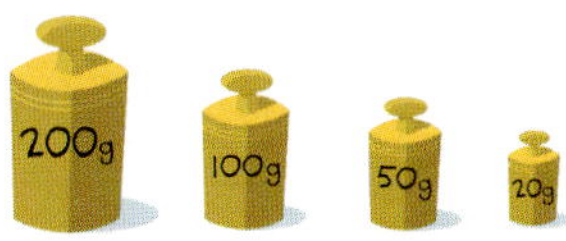

on peut peser un sac de 100 g,

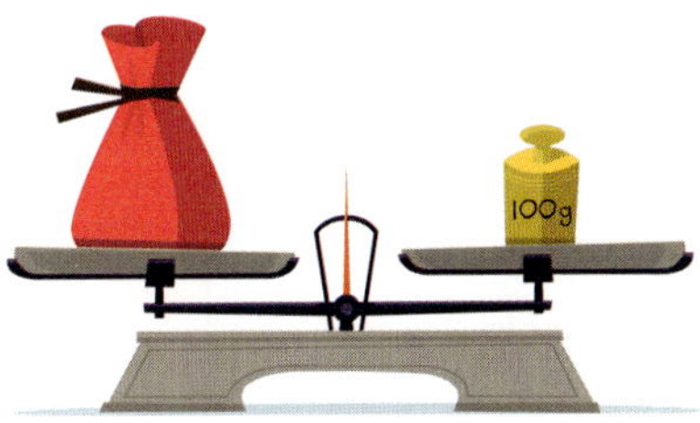

on peut aussi peser un sac de 170 g.

Trouve toutes les masses que l'on peut équilibrer à l'aide de ces masses marquées.

11 Si on place ces masses marquées sur les deux plateaux de la balance, on peut réaliser d'autres pesées.
Par exemple, ce sac pèse : 80 g.
Trouve toutes les masses que l'on peut déterminer de cette façon.

La courbe de poids de Manon

Ce document est extrait du carnet de santé de Manon. La maman de Manon a noté son poids régulièrement, à chaque anniversaire, depuis l'âge de 3 ans jusqu'à 11 ans.
Les différents poids (en kg) sont indiqués à gauche du graphique et les âges (en années) sont indiqués en bas.
Le poids de Manon, à différents âges, est noté par des croix vertes.
Tu peux remarquer que ces croix sont toutes dans la région blanche sur le graphique.

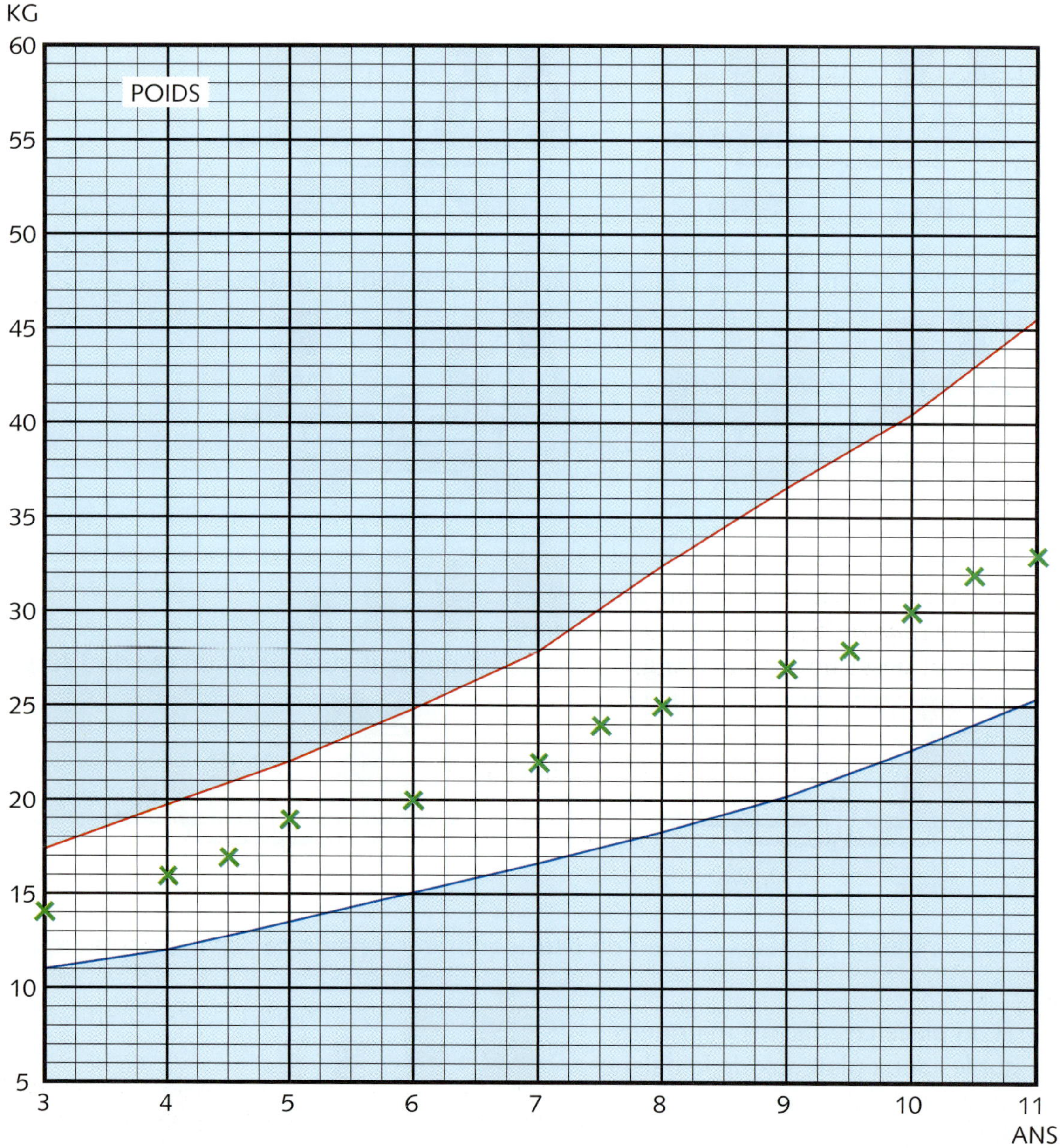

1 Observe bien le document.
Quel était le poids de Manon lorsqu'elle avait 6 ans ? Et lorsqu'elle avait 7 ans ?
À quel âge Manon pesait-elle 16 kg ? À quel âge Manon pesait-elle 30 kg ?

2 **Quelle a été l'augmentation du poids de Manon entre l'âge de 3 ans et l'âge de 11 ans ?**

3 **À quels anniversaires, Manon a-t-elle pu dire : « Je pèse 3 kg de plus que l'année dernière » ?**

4 Le document indique également, pour chaque âge, entre quelles valeurs se situe le plus souvent le poids d'un enfant.
Manon dit :
« À 8 ans, mon poids était à peu près au milieu des poids de cet âge. »
Est-ce vrai ?
Est-ce aussi vrai à 5 ans ? Et à 9 ans ?

5 **À quels âges, Manon a-t-elle pesé entre 20 et 30 kg ?**

6 À 8 ans, Benjamin pesait 6 kg de plus que Manon.
À 9 ans et demi, il ne pesait plus que 4 kg de plus que Manon.
De combien son poids a-t-il augmenté entre 8 ans et 9 ans et demi ?

7 La maman de Manon lui pose une devinette.
« Entre l'âge de 5 ans et l'âge de 11 ans, mon poids a doublé.
À 11 ans, je pesais 17 kg de plus qu'à 5 ans.
Quel était mon poids à 5 ans et à 11 ans ? »

8 Le papa de Manon lui pose aussi une devinette.
« À 15 ans, je pesais 10 kg de plus qu'à 9 ans.
Si j'ajoute mon poids à 9 ans et mon poids à 15 ans, je trouve 74 kg.
Quel était mon poids à 9 ans et à 15 ans ? »

9 Tim, Maïa et Loïc sont montés ensemble sur une balance. Elle a affiché 86 kg.
Ensuite, Tim et Maïa se sont pesés ensemble et la balance a affiché 54 kg.
Puis, ce fut au tour de Tim et de Loïc de se peser ensemble et la balance a affiché 58 kg.
Retrouve le poids de chacun.

Les éléphants

L'éléphant d'Afrique a des oreilles plus grandes que l'éléphant d'Asie.
À l'âge adulte, l'éléphant d'Afrique mesure environ 360 cm et il pèse environ 4 500 kg.
Il mesure ainsi quatre fois la taille qu'il avait à la naissance et pèse quarante-cinq fois plus.
À l'aide de sa trompe qui mesure entre 150 et 210 cm, il peut absorber 9 litres d'eau à chaque aspiration.

Elle lui permet d'émettre des barrissements, d'abattre des arbres ou d'arracher des feuilles.
Chaque jour, il mange environ 180 kg de nourriture (écorces, feuilles, herbes, racines, fruits) et boit 200 litres d'eau.
Il passe environ 3 heures par jour à dormir.

Les éléphants sont chassés et leur population a beaucoup varié en Afrique au cours des 25 dernières années, comme le montre ce tableau.

Année	1987	1992	1997	2005
Population	765 000	330 000	500 000	600 000

1 Combien de temps, un éléphant reste-t-il éveillé chaque jour ?

2 Pour nourrir un éléphant pendant un mois (de 30 jours), combien faut-il de kilogrammes de nourriture et combien faut-il de litres d'eau ?

3 Quelle est la taille d'un éléphant à la naissance ? Quel est son poids à la naissance ?

4 **De combien la population d'éléphants a-t-elle diminué entre 1987 et 1992 ? Et de combien d'éléphants a-t-elle augmenté entre 1992 et 1997 ?**

5 **Combien de fois environ un éléphant doit-il aspirer de l'eau chaque jour ?**

6 **Pose d'autres questions sur les éléphants puis trouve les réponses.**

7 Lorsqu'il marche, un éléphant parcourt environ 5 km en une heure.
Lorsqu'il court, il peut parcourir 40 km par heure.
Un éléphant a marché pendant 2 heures puis il a couru pendant un quart d'heure.
Quelle distance a-t-il parcourue ?

8 Tim demande à Maïa combien d'éléphants il y a dans le zoo qu'ils viennent de visiter. Elle répond qu'elle a compté toutes les pattes et qu'elle en a trouvé 24.
Combien y avait-il d'éléphants dans le zoo ?

9 Maïa pose une autre devinette à Tim :
« Au zoo, j'ai compté les pattes et les trompes des éléphants, puis j'ai ajouté les deux nombres. J'ai trouvé 45.
Combien y a-t-il d'éléphants dans le zoo ? »
Aide Tim à répondre.

10 C'est au tour de Tim de poser une devinette à Maïa :
« Il y a trois jeunes éléphants. On les a pesés ensemble et on a trouvé 1 800 kg. Ils ont tous des poids différents, mais on sait aussi que leurs poids vont de 100 en 100.
Peux-tu retrouver le poids de chaque éléphant ? »
Aide Maïa à répondre.

11 Maïa pose une dernière devinette à Tim :
« Dans un troupeau de 150 éléphants, il y a 120 éléphants adultes de plus que d'éléphanteaux. Parmi les adultes, on peut compter 25 mâles de plus que de femelles.
Trouve combien il y a d'éléphanteaux, d'adultes mâles et d'adultes femelles dans ce troupeau. »

Table des Illustrations

encart	ph ©	Frédéric Hanoteau
12	ph ©	Frédéric Hanoteau
25 hg	ph ©	Mauritius / Photononstop
25 hm	ph ©	Vincent Leblic / Photononstop
25 hd	ph ©	Stockdisc Royalty Free Photos
32	ph ©	The Art Archive / Dagli Orti
36	ph ©	Alain Le Bot / Photononstop
50	ph ©	Frédéric Hanoteau
60	ph ©	Musée Carnavalet / Musées de la Ville de Paris / Bridgeman
61	ph ©	Archives Hatier
78	ph ©	Mauritius / Photononstop
89		Coll. Thierry Pairault
95	ph ©	Frédéric Hanoteau
96	ph ©	Frédéric Hanoteau
102	ph ©	Frédéric Hanoteau
104	ph ©	Frédéric Hanoteau
116	ph ©	CNAC / MNAM Dist. RMN - Peter Willi © ADAGP, Paris, 2007.
122	ph ©	Image100 / Corbis
131 hg	ph ©	Frédéric Hanoteau
131 hm	ph ©	Don Hammond / Design Pics / Corbis
131 hd	ph ©	Charlie Abad / Photononstop
144	ph ©	Steve Liss / Corbis Sygma
146	ph ©	Parc des Oiseaux, Villars-les-Dombes
147	ph ©	Parc des Oiseaux, Villars-les-Dombes
157	ph ©	Frédéric Hanoteau
158 h	ph ©	Méliès / The Kobal Collection
158 b	ph ©	Chris Lee Prod / Square Co / The Kobal Collection
174 h	ph ©	Nadine Aymard
174 b	ph ©	Archives Hatier

Achevé d'imprimer par Deaprinting à Novara - Italie
Dépôt légal n°84937 - Juillet 2007